再小的企业，也可以拥有自己的品牌！

互联网时代的品牌创造

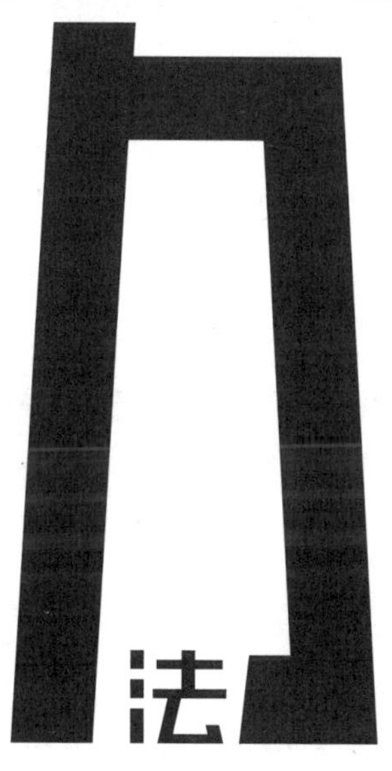

余犇 叁品松 / 著

中国品牌与互联网资深实践者倾力创作

广州新华出版发行集团
广州出版社

图书在版编目（CIP）数据

互联网时代的品牌创造方法 / 余犇，叁品松著．—
广州：广州出版社，2019.3（2019.5 重印）
ISBN 978-7-5462-2868-6

Ⅰ．①互… Ⅱ．①余… ②叁… Ⅲ．①互联网络—
应用—品牌战略—研究 Ⅳ．①F272.3-39

中国版本图书馆 CIP 数据核字（2018）第 293656 号

书　　名　互联网时代的品牌创造方法
　　　　　Hulianwang Shidai de Pinpai Chuangzao Fangfa

著　　者　余 犇　叁品松
出版发行　广州出版社
　　　　　（地址：广州市天河区天润路87号9楼、10楼　邮政编码：510635
　　　　　网址：www.gzcbs.com.cn）
责任编辑　卢凯婷
文字编辑　刘雅丽
封面设计　深圳市牛势广告有限公司
印刷单位　深圳市佳润隆印刷有限公司
　　　　　（地址：深圳市福田区八卦四路先科大院内光盘厂二楼西侧　邮政编码：518029
　　　　　网址：www.jiarunlong.cn　电话：0755-82415862）
规　　格　787mm × 1092mm　1 / 16
字　　数　220千
印　　张　13.75
版　　次　2019年3月第1版
印　　次　2019年5月第2次
书　　号　ISBN 978-7-5462-2868-6
定　　价　68.00元

他　序

余犇要出书，叫我给他写篇序。

我说："没写过，不知道怎么落笔。"余犇回："咱俩认识七八年了，凭着感觉走就行，好不好都没事，只要真实就行。"

我算是一个连续奋斗了十年的创业者，失败过也成功过。我参与投资过不少项目，非常清楚创业者是在什么样的环境下开始创办企业的。他们耗尽资源和精力，终于度过了企业的生存期，却发现企业已经在消费者心中形成了一个违背创业者初心的印象。人群、产品定位都偏差甚远。企业继续前进受到的阻力相当大。

在创立黑龙江华农兄弟电子商务有限公司（简称"华农兄弟"）的时候，我去请教余犇。

余犇说："你从一开始就要形成自己的定位，真五常大米，全程可溯源，就是你的定位。产品的拓展全部围绕溯源开展。"

一开始我并未当回事，认为胜负见于市场，没有业绩，再美好的未来都只是蓝图而已。我有个习惯，喜欢一个人去不同的市场转转；慢慢地，耳边的声音越来越多："买华农的吧，它们可溯源。"当这些话不断从消费者口中传出来的时候，我开始重视起来。

我开始走访身边的中小企业家朋友，并和他们探讨品牌。得到更多的回应是“投入太大，害怕打水漂”“还不如把广告费用投入到产品体验上”“我是小企业，做品牌有啥用啊”“想做，不知道怎么开始”。

我把这些情况反馈给余犇，并请教他接下来华农兄弟要怎么去定位。我很喜欢什么事都问问他，他从事品牌创建工作超过 10 年了，很多中小企业从创办到成长的过程他都全程参与了。

他讲了很多，下面这四点一直触动着我。

第一，再小的企业也要树立品牌理念。不要在意你现有的消费者人群大小，即使你目前只有 100 个用户，你也要让他们清楚地明白你的品牌理念。

第二，需要系统化地去建立品牌。品牌的建立不是一朝一夕的，不可急功近利，需要标准化、流程化、制度化、系统化地建立。

第三，学会借势。别什么都自己去做，学会和已经有信任背书的伙伴共同打造市场。但一定要选择与你定位相匹配的企业和渠道。

第四，裂变。从 100 个种子粉丝，到 1 000 万个品牌粉丝。

我拿佛山试点，不到三个月的时间，线下已经入驻了几百家中高端社区店，长期和蒙牛、简爱酸奶、农夫山泉一起做活动；线上与伊丽汇、同恩棒球、吻食等 10 多家企业形成会员权益共享，这个数据还在源源不断地增加。

互联网、新媒体的到来，是中小企业建立品牌的春天。放弃品牌的建立，以后一定会需要花更多的时间和资源去重新建立。余犇的这本书，不局限于理论，更多的是一步一步地引导大家怎么去执行。我就是这本书中的理论的最早的受益者，希望你也能够有所收获。

华农兄弟创始人　王佳洋

2018 年 11 月 20 日

自 序

在传奇故事中，总是由一些英雄创造平凡人难以创造的奇迹。而在现实中，却总有一群过着平凡日子的平凡人，创造着他们梦想中那些不平凡的世界。

我出生于广东一个平凡的客家小山村，祖辈均过着面朝黄土背朝天的生活。父亲虽是个农民，却在我小时候经常给我讲一些有关经商的故事。他告诉我只有好好读书，将来才有机会到大城市工作、经商，才有能力通过自己的努力，改变看老大爷脸色吃饭的生活。

一

2002 年，我来到国际大都市——不平凡的深圳。在每天工作 15 个小时的岗位上待了两年，虽小有作为，但我不甘于这种不断重复的单调生活。于是不顾领导与朋友的反对，我毅然选择从零开始，从事市场销售工作。

没有任何资源、背景和市场销售经验，我起步极为艰难，销售方式也极其简单粗暴。一开始，我就踩辆自行车，背个包，天天“扫”办公楼。从罗湖的东门，到福田的华强北，再到南山的科技园，我盲目地撒下名片与洒下汗水，换来了一些微薄的收入，也换来了保安的严厉驱赶。慢慢地，我学聪明了一些。我把几本深圳黄页翻了个遍，挨个打电话，换来了一些小额订单，但更多的还是无情的拒绝。

从那时起，我开始思考：经商不应该是这样的，市场销售也不应该是这样的。我开始对商业、市场产生了浓厚的兴趣，又或者是燃起了对商业故事中的英雄的向往。

我应该算是幸运的。在 2004 年的日历即将翻过去，我于几个行业间游荡，回到自己熟悉的设计印刷行业时，偶然地，我在名为“深圳之窗”的门户网站中发布了一条广告信息。不到一个月时间，居然接了几个订单，这着实让我惊奇。

互联网，虽说在 20 世纪 90 年代就接入中国，但我因从农村出来、又出身于传统行业，以前几乎没接触过，身边的人也只是用互联网聊天和接收邮件。这次事件，为我打开了一扇门！

接下来的日子，我一发不可收，开始在阿里巴巴、慧聪网等门户网站发布销售信息，后来又创建所在公司的网站，先后投放谷歌与百度的推广广告，带着团队东征西战，收获着互联网带来的红利。

市场总是在变化的。2008 年，全球金融危机爆发，使得中国企业谨慎前行。一方面，企业宣传方面的费用减少了；另一方面，诸多同行，开始跻身于互联网，以求获得更多销售机会。

因此，从那一年开始，除了工作，我更像个“学习专业户”。我参加各种培训，阅读书籍，除了探索互联网营销的策略和方法，对市场营销与品牌运作也有了更深入的学习。时至今日，不论创建牛势广告公司为企业提供品牌营销、策划、广告、传播、设计、顾问等服务，还是走进新媒体、短视频和创建“寻农小社”实体品牌与“暖小幺”IP（知识产权）品牌，我依然向往着商业故事中的英雄，在品牌创造与互联网营销的路上探索前行。

二

中国市场，于 20 世纪 80 年代将品牌建设提上议事日程，20 世纪 90 年代接入互联网。随着中国市场的发展，人们消费观念、能力升级，人工、租金、原料等成本上涨，互联网使商业信息透明化，这让过往仅仅依靠生产能力、渠道资源、低价竞争、信息优势等方法与经验制胜的企业，变得愈加难行。企业经营者，逐步认识到品牌的重要性。

“品牌”一词，源于古斯堪的那维亚语“brandr”。随着可口可乐、麦当劳、耐克、星巴克、娃哈哈、伊利、蒙牛、海尔、格力等品牌为其企业带来巨大价值与收益，品牌在商业中的重要性已然毋庸赘述。而随着我国经济高速发展，全球化的机会与挑战并存，提升中国品牌硬实力，不仅得到国家的高度重视，亦得到中国企业经营者与消费者的高度认同和响应。

事实上，很多企业创造品牌的意识已逐步增强。而在电视、报纸、广播、杂志等平台大力度投放广告，从而提升品牌知名度和影响力的方法，其高额的广告成本让大部分企业经营者望而生畏。他们缺乏对品牌创造方法的系统性认识，误认为创造品牌是企业达到一定规模才可以涉及的工作，误认为品牌过于“高大上”，是大企业的专属产物。

互联网改变了人们的生活习惯，变革了商业与品牌的经营方式；同时，也给品牌的成长带来了更多的选择与可能性。今天的品牌，除了知名的大众化的品牌，在每个人所生活的区域、圈层内，都必然会有一些得到某些用户认可，但并不一定被大众所认知的小众化品牌。只是在本书中，为了方便读者理解，笔者尽可能引用一些众所周知的品牌。一个品牌能否带动商品的销售，除了与它的知名度大小有关，更与人们对它的认可度与信任度高低有关。

如果说，以前的品牌创造方法是企业通过投入高额资金，大力度地投放广告，提升品牌知名度与影响力，进而使商品得到人们的认可，带动销售；那么，今天的品牌创造方法更多是企业通过聚焦一个小圈层，坚持不懈地为对应圈层人群提供别具“匠心”的商品与“走心”的服务，得到对应圈层人群的认可，并持续进行唤起人们“共鸣”的内容创作，驱动人们主动拥护品牌和口碑传播，逐步提升品牌的知名度与影响力。

如果说，以前品牌成长规律是在大量的广告投放“轰炸”中崛地而起，一夜之间家喻户晓；那么，今天的品牌成长规律更多是企业在长期的经营、服务与宣传中，一步步积累、沉淀，在小圈层内不断地成长、强大，从小众化品牌，逐步发展成为大众认知、认可的卓越品牌。一个品牌的价值，除了基于它的知名度，更基于它的美誉度。一个被一百万人认知，但没有促成购买与传播行为的品牌，远不如一个仅被一万人认可，且促成重复购买与口碑传播的品牌。

三

自微信公众平台提出“再小的个体，也有自己的品牌”以来，一个个微信公众号、自媒体、自明星等“个体”品牌，逐步走入人们的视线，如罗辑思维、吴晓波频道、秋叶 PPT、雾满拦江、洞见、武志红、连岳等“个体”品牌。它们的成长，同样是基于长年累月的坚持与努力，不断输出受众喜爱的优秀内容，从小圈层内不断地成长、强大。与此同时，它们借助于互联网、新媒体的特点与优势，减少传播成本，高效积累品牌价值。

在传统的商业环境里，因传播渠道的局限，以及相关资源的稀缺性，企业往往只能支付高额的广告成本，通过电视、报纸、广播、杂志等渠道传播品牌。而随着互联网、新媒体的发展，几乎每个“个体”都可以成为媒体，可以通过互联网、新媒体等传播渠道，以极低成本高效传播品牌，甚至是裂变式地传播品牌。以前只有支付高额成本才能得到的品牌传播效果，今天大部分中小企业，甚至是个体，通过互联网、新媒体，在低成本的支撑下就能有效达到。

互联网，有快速与极低成本等传播优势，但亦带来前所未有的信息泛滥，这使得大部分企业为传播品牌所做的工作变得“零效果”！

因此，今天在品牌传播中，比起传播渠道，传播内容可能变得更为重要。比起被单向灌输品牌信息，人们更容易对自己认可的圈层、社群、意见领袖、明星IP、亲朋好友等分享、传播的品牌信息、事物产生主动了解的兴趣和信任感，甚至会主动进行拥护和传播。一个品牌很难再完全依靠企业自己传播，企业要懂得培育品牌粉丝，驱动品牌粉丝口碑传播，逐步打造卓越的知名品牌。

在今天的中国市场中，已然有一批先驱通过创造品牌，为企业带来颇高的市场占有率和利润。亦有一批经营者借助互联网渠道，在较低的成本投入下，为企业创造品牌，带来丰厚回报。同时，也有人借助互联网技术、技巧，“闷声发大财”，赚取互联网不同红利期的丰厚收益。

品牌创造与互联网营销，已然是时下企业最为重要的命题，或者说是企业想在市场中做强做大时无法绕开的命题。然纵观时下，在相关书籍与培训课程，或企业的咨询顾问中，对品牌创造与互联网营销的指导，存在两大独立阵营。

一是互联网阵营，大部分阐述与互联网相关的思维、技术、技巧、方法、模式，以及各种颠覆性的概念；二是传统的品牌策划、营销等机构阵营，一方面慌忙学习和应对日新月异的互联网变革，一方面却幻想着传统的品牌创造方法依然适行于这个变革的时代。

事实上，传统的品牌营销方法就一无是处吗？而在互联网、新媒体中，只需用好技术、技巧，赚取互联网不同红利期的收益就可以吗？显然不尽然！

在此之前，国内很难找到专门针对中国商业环境，思考互联网时代系统性创造品牌的参考书籍。基于这些年对互联网与品牌营销的学习与实践，我通过近一年的思考、整理，与一年多的撰写、修正，尝试总结一套针对当下中国商业环境，通过互联网、新媒体系统性创造品牌的策略和方法，以期为中国企业在互联网时代的品牌创造奉上绵薄之力，让企业在品牌创造路上少走弯路。

四

总结，是自我提升最有效的方法。此书得以出版，最应该感谢好兄弟王易，另外还要感谢深圳市营销协会吕海滨会长、华农兄弟创始人王佳洋先生，以及牛势广告公司股东王青松先生与团队的支持和鼓励。

互联网时代，不缺少锲而不舍的企业经营者，亦不缺少向往商业英雄的追逐者，缺的或许只是一支指引方向的小小火把。

本书最特别的地方，应该是其探索方向和思考方式。本人从“人与人性、人格，圈层，商业本质”等角度出发，重新审视品牌、互联网与中国商业的关系；根据自己多年对众多成功、失败品牌案例的成长规律分析，将品牌发展阶段分为根基期、预热期、裂变期和升级期，并提出了相应的对策；系统性阐述有效构建品牌根基，培育品牌粉丝，驱动人们主动拥护品牌和口碑传播，从而创造卓越品牌的省钱方法。

为让人们能更轻松地阅读，我尽可能采用通俗易懂的语言阐述，并用一种探讨的方式与读者展开对话，让读者对书中的内容有更深入的认知和理解，并在实际经营中能更好地应用与执行。

全书分为七篇。

第一篇：分析篇。本篇为全书的基石：从不同角度，重新审视品牌、互联网与中国商业的关系；分析“人格”“圈层”“粉丝”在品牌创造中的作用；分析消费升级中新型消费者的主要特征；思考传统商业时代与互联网时代，截然不同的品牌成长之路；探索在创造品牌的过程中，减少传播成本和高效积累价值的有效方法。

第二篇：原则篇。从大道至简的思维出发，提取“简单、聚焦、创意、具体、共鸣”的五个词、十个字作为在日新月异、变幻莫测的互联网时代，驱动口碑传播，让品牌创造容易取得成功的原则与技巧。

第三篇：策略篇。从人性的角度出发，深入诠释“1+0.1”的迭代式创新方法，将“抽象”的品牌创造视为“符号化代言物”的创造，通过品牌人格化创作明星IP带动品牌成长的三大策略，让读者掌握品牌如何唤得人们共鸣，驱动口碑传播的实用策略。

第四篇：根基篇。全面阐述在品牌创造的第一个阶段中，决定未来的消费者人群、商品、价格等品牌定位，人格化的品牌思想，符号化的品牌形象三个层面的创建方法。通过三点合一的品牌根基构建方法，让品牌在传播时得以减少成本和高效积累价值。

第五篇：传播篇（上）。品牌预热期，即品牌创造的第二个阶段。本篇阐述在品牌大幅度传播前的广告语、利益点、支撑点等核心文案策划与撰写，品牌官方网站、宣传片等传播工具创作，以及品牌危机预防的信息预埋三个方面的实施策略与方法；并对如何通过传统媒体与销售渠道，提升口碑传播动力进行重新思考。

第六篇：传播篇（下）。品牌裂变期，即品牌创造的第三个阶段。本篇阐述驱动口碑传播的内容创作原则与技巧，深入诠释如何通过故事、话题、活动驱动人们进行口碑传播，让品牌在低成本投入下裂变式传播的实用方法；并对品牌粉丝的培育和维护方法，做进一步诠释。

第七篇：团队篇。阐述互联网时代，减少品牌创造成本的团队组建策略，以及品牌创造的第四个阶段，让品牌得以历久弥新，为企业持续创造价值与收益。

五

互联网的发展，一方面成就了阿里巴巴、腾讯、百度、京东等巨头企业和美团、摩拜、小米、三只松鼠、江小白、韩都衣舍、造作、野兽派、泡泡玛特、韩后、麦包包、茵曼、七格格、钻石小鸟、小熊电器等相关企业，使它们借助互联网弯道超车，创造卓越品牌，换取丰厚收益，成为诸多企业的学习目标。另一方面，导致与互联网相关的概念、模式与日俱增。电商、微商、微博、微信、新媒体、新零售、自媒体、自明星、IP、网红、直播、短视频、社群、平台、生态链、区块链、闭环、众筹、众包、跨界、共享经济、去中心化、大数据、云计算、人工智能、无人商店、二次元、嘻哈……各种新生事物、颠覆性概念的层出不穷，亦让诸多企业经营者感到迷茫与困惑。

故事中的英雄，总有着处变不惊的能力。在变幻莫测的商业“战场”中，我们这些平凡的经营者，应该保持冷静的头脑与沉着的心态，以不变应万变。因为，互联网的技术在变，市场的渠道在变，消费者的需求在变，营销的策略在变，销售的模式在变，交易的工具在变，但商业的本质、品牌的真谛、人的本性却从未改变！

我认为，大部分行业是不可能短时间内被颠覆的，这必然是一步步迭代、变革的过程。在时代的变革中，沉浸与执着于昨日的成功经验是不可取，但在变幻莫测的互联网时代，我们更应该在坚守初心，在为人们持续创造有效价值，提供“匠心”商品和“走心”服务的同时，与时俱进地掌握消费升级下通过互联网、新媒体创造品牌的思维与方法。

互联网时代，我们可以不经营互联网行业，可以不通过互联网销售产品，但必须懂运用互联网、新媒体与全新的思维经营企业、传播推广、培育粉丝和创造品牌。在我看来，互联网已然像发电站一般，成了人们生活与工作中的基础设施，是移动互联网、新媒体、新零售、人工智能、大数据、云计算、物联网、区块链、无人商店等新模式、新技术的基础。正如马云所言，过去 20 年互联网从无到有，未来 30 年互联网将从有到无。这个“无”，是无处不在的“无”。同时，互联网也成为所有企业经营者都无法回避的基础设施。

我不敢保证本书能全面阐述互联网时代、消费升级下的品牌营销方法，也不能说它所阐述的是互联网时代创造品牌的唯一方法，我所能保证的是创作诚意。尽管对本书稿件进行了多次调整和修正，仍不可避免会出现疏漏和不足之处。敬请广大读者朋友给予批评和指正。想就本书内容进行交流的读者，请在我的个人公众号“sng328”中留言。同时，就书中的重点内容，我也将在公众号中与大家进一步交流和探讨。

另外，做一个善意提醒。本书不适合秉持“差不多”心态与追求“一夜暴富”的读者。在这个“智商过剩”的互联网时代，靠一两个点子取胜诚然已成为商业故事中的历史。

正所谓“差之毫厘，谬以千里”。互联网时代的商业英雄，必然是那些心存善念、坚守初心，能够掌握系统性的思维与方法并坚持将它们做到“极致”，能够遵循商业的本质与品牌真谛，为人们持续创造有效价值，提供“匠心”商品和“走心”服务的践行者。

愿我们这群平凡的人，保持一颗热诚的心，创造互联网时代不平凡的商业世界。如果你已经准备好了，就让我们一起拨开这个时代的商业迷雾，相信平凡的改变，可以改变平凡！再小的企业，也可以拥有自己的品牌！

余　犇
2018 年 6 月 13 日

目　录

第一篇

互联网时代的品牌规则与机遇

常言道“一分耕耘，一分收获”。然而，在商业世界里，我们不难发现，一些企业经营者倾其所有，呕心沥血地付出与投入，却事倍功半，甚至是得不偿失、一无所获。

商业经营失败，或者说付出金钱与汗水后，换不来应有收获的原因有很多，比如抉择的错误、思维的陈腐、盲目的跟风、经验的不足等。当然，也可能是企业在经营中，缺乏“品牌”这座“灯塔”的有效指引的结果。

随着“大众创业，万众创新”的浪潮掀起，以及互联网带来的商业信息泛滥，各种各样的宣传内容几乎无时无刻不充斥着人们的眼球，使人们难辨真假、优劣，心生麻木，也导致一些优秀商品的信息被各种乱象信息淹没，商品难以得到人们的信任与认可。

市场上商品那么多，好的、差的、真的、假的，大家都说自己的商品好、超值。你既不能封住别人的嘴，也不会有人说自己的商品不好，你所讲的别人也可以说，这让消费者深陷于选择困难症之中。此时，品牌就是像小米之家在做到坪效［中国台湾商业领域的常用术语，指每坪（1 坪≈3.3 平方米）面积上可以产出的营业额］高达 27 万元人民币时，小米创始人雷军借用户之言所阐述的那样：“进小米之家，可以闭着眼睛买东西。”

同样，当我们打开美团、登录淘宝、走进购物中心，面对众多相似的商家、商品，不知做何选择时，我们只能选择自己认识与认可的品牌商品，从而减少消费风险，增强所选商品与服务的确定性。往往也只有品牌，才能让企业在这个模仿、抄袭成风，商品高度同质化的市场中脱颖而出，建立自身的商业壁垒，从而获得更高的销量与利润。

品牌，是消费者对企业与商品产生信任的源泉，更是每一个企业经过多年的经营与努力后沉淀下来的最大资产。正如可口可乐前总裁罗伯特·伍德鲁夫所说的:“假如我的工厂被大火毁灭,假如遭遇到世界金融风暴,但只要有可口可乐的品牌,第二天我又将重新站起。”因为,品牌不仅是指引消费者在庞大商业信息海洋中选择企业商品的“灯塔”,更是指引企业在浩瀚的市场海洋中找到前行方向并更有效积累企业资产的“灯塔”。

如果把市场比喻为一片浩瀚无垠的大海,企业便似航行于汪洋大海中的一叶孤舟。企业,只有将经营理念与在商品开发、视觉形象、广告传播、营销推广、促销活动、宣传物料等经营过程中付出的每一分努力,都聚焦于一个品牌,聚焦于一个既定的“航道”之中,才能让所有的努力形成系统性、连贯性的积累与最大价值的沉淀;才能让企业在茫茫的商海中找到自己前行的方向;才能让商品不至于淹没在浩瀚的市场海洋中。

如果说优秀的商品与服务,是一个企业取得成功的起点。那么,品牌便是一对让企业在商业经营中取得非凡成就与丰厚利润的“腾飞之翅”。如果,你已经准备好了,就让我们一起思考与探索,在日新月异的互联网时代运用互联网、新媒体创造品牌的全新思维与方法,这将让你在品牌创造上有效地减少成本和积累价值。再小的企业,也可以拥有自己的品牌!

第一节
品牌与中国商业的重新审视

什么是品牌？

我其实很不想复述这个问题！

然而在一次线下沙龙活动中提到这个问题时，现场一百多位企业经营者，短时间内，竟无一人能较为准确地阐述答案。

或许，你对品牌的认知还处于初级阶段，认为取个名字，注册个商标，设计一套 VI（视觉识别系统），编造一个概念，就是品牌；以为天天把品牌挂在嘴边，就能做成品牌。又或许，你对品牌已有比较深的认知，能够从容地回答："品牌是占据消费者心中的一种名称、术语、记号，是给拥有者带来商品溢价权的一种无形资产。"你的回答不能说错。但这样的回答，却仅限于传统商业世界的品牌构建思维。到了互联网成为人们生活与工作中的基础设施以及消费升级下的今天，如果你对品牌依然仅持有诸如此类的认知，那么你跟卓越品牌之间，可能是没有太大关系了。

要回答这个问题，我们应该从品牌与中国商业的渊源开始说起。

一、从传统的大众视角看品牌

品牌与商业的渊源，我们一般是这样阐述的：

品牌（brand）一词，来源于古斯堪的那维亚语“brandr”，为“烙印”的意思。西方游牧部落在马背烫上不同的烙印，用以标记自己的财产。现代企业，也在自己的商品上加“烫”不同的名称、商标、图案等“烙印”，以此与竞争对手的商品进行区分。同时也希望将此“烙印”，“烙”在消费者的心坎上。

18 世纪中叶，英国的瓦特改良蒸汽机之后，一系列工业技术革命带领人们实现从手工劳动向动力机器生产转变的重大飞跃。西方国家经济得到迅速发展，产品供应量大幅增加，企业之间的竞争日趋激烈，从而推动企业对商标注册的重视，以及品牌在商业中的运用和发展。

到了 19 世纪，法国、英国、美国、德国、日本相继颁布了各自的商标法。美国的福尔尼·帕尔默在费城创办第一家广告公司后，广告公司如雨后春笋般涌现，它们承接品牌的全方位包装策划与广告传播，品牌得到了专业的推广。这个时期出现了电通广告、智威汤逊、奥美广告、萨奇广告、麦肯等一批颇有影响力的广告公司，以及杰克·特劳特、大卫·奥格威、李奥·贝纳、罗瑟·瑞夫斯等在品牌营销与广告领域颇有影响力的行业先驱。

就是在这个品牌发展的黄金年代，可口可乐、万宝路、梅赛德斯-奔驰、桂格燕麦、象牙肥皂、路易威登、兰蔻、香奈儿、轩尼诗等一批历史悠久的品牌站稳了脚跟并发展起来。它们之所以取得卓越的成就，主要原因在于企业经营者从一开始就清楚地意识到，品牌将决定企业与商品的前途和命运。

时至 20 世纪 80 年代，随着改革开放政策的实行，以及《中华人民共和国商标法》的颁布，中国企业纷纷学习和借鉴发达国家走在前沿的企业，为企业注册品牌商标，并吸收西方发达国家的企业管理、品牌营销、广告传播等运营经验。娃哈哈、伊利、蒙牛、达利园、金龙鱼、华为、海尔、联想、康佳等一个个民族品牌，在市场竞争中脱颖而出，为企业带来可观的市场占有率和丰厚收益。

而自互联网进入中国以来，阿里巴巴、腾讯、百度、京东、美团、小米、三只松鼠、韩都衣舍、江小白等企业和品牌，借助互联网快速崛起，变得家喻户晓。

因此，传统大众认为品牌的概念是从西方引入中国的，认为西方经营品牌的历史悠久，认为品牌应该强有力地“烙”在消费者心上，认为品牌应该拥有家喻户晓、妇孺皆知的知名度和影响力。或许，这些都没有错。但在互联网时代，如果想要做好品牌，我们却可能需要从一种全新的视角去思考品牌。

二、从另一个视角思考品牌

在中国漫漫五千年的历史中，虽然“重农抑商”是历代封建王朝基本的经济指导思想，但商业活动却从未间断过。

早在春秋战国时期，很多手艺人便开始在自己制造的产品上刻画具有代表性的符号，这些符号逐渐演化成商品的商标。到了北宋年间（960 — 1127），民间私营工商业发达，竞争更是呈现日趋激烈的态势。不少商家为了推销自家产品，除了装潢店面，还印制了带有店铺商标的广告。据资料记载，当时山东济南刘家针铺的“白兔”细针商标便是我国迄今发现使用较早、图形较为完整的商标。商标最上方刻有“济南刘家功夫针铺”八字，正中有刘家针铺的“白兔”（如图），并注明“认门前白兔儿为记”，下方是广告语：“收买上等钢条，造功夫细针，不误宅院使用，转卖兴贩，别有加饶，请记白。”

到明代晚期，上层社会很多人追求生活的享受，各种手工业商品充斥着市场。时大彬的紫砂、江千里的螺钿、黄应光的版刻、方于鲁的墨、陆子冈的玉、张鸣岐的手炉……这些署个人名号的手工业商品，不仅使它们的制作者取得商业和艺术上的成就，还有不少流传至今成为现代人追捧的收藏品。

清至民国期间，中国商人对商品口碑的重视程度，以及“品牌”的经营思维，更是上了一个台阶。那个时候不叫品牌，更多称为商号，经营者对品牌没有系统性和专业性的思考，但却在有意或无意之间，形成了有效传播商品和扩大销售范围的经营方法。

中国现有的品牌，有些可能传承几代经营至今；有些可能是后人重拾其精粹，在传承其文化与品质的基础上，重建而成。无论何因，它们很好体现了老祖宗在商业与品牌上的经营智慧，如陈李济药铺、同仁堂药铺、狗不理包子、震远同食品、全聚德烤鸭、六味斋酱肉、馄饨侯馄饨、王致和腐乳、内联升布鞋、王老吉凉茶、张小泉剪刀、老凤祥珠宝、张裕葡萄酒等老字号品牌。

它们穿越了上百年，甚至是数百年的历史，穿越了商业的激烈竞争与战争的重重战火，依然屹立不倒，日益发展壮大。据不完全统计，中国近代有一定影响力的品牌，或者说商号，经过时代变革和时间的洗礼，目前仍有1 000个以上尚存于商业世界中，且有100个以上“活”得不错。

三、全新视角中的品牌人格化

通过上述两种不同视角，我们发现品牌既有源于西方的经营体系，也有东方的智慧传承。在互联网时代，有改变的一面，亦有未曾改变的一面。改变的是它的创造方法与经营思维，而未曾改变的是品牌对商业的作用，以及它成长的本质。从东、西方品牌的历史演变、发展过程中，我们容易发现，品牌诞生、成长的核心本质是人格。

在上述所举的例子中，许多品牌以个人名字或姓氏命名，如刘家针铺、时大彬紫砂、江千里螺钿、黄应光版刻、陈李济药铺、狗不理包子、震远同食品、王致和腐乳、馄饨侯馄饨、王老吉凉茶、张小泉剪刀、张裕葡萄酒等。历史题材的电影里、小说里，也经常出现老张的豆腐、李记的烧酒、王妈的绸布。经营者以自己的名字或姓氏作为商号名称，是以自己的人格作为担保。而消费者，在选择其商品时，同样选的是该商品背后的人。人格与人品，代表了商品的品质与信誉。

这只是中国商业中的例子吗？

从品牌蓬勃发展的 18 世纪到今天，美国、日本、英国、法国、德国等发达国家，同样有着大量以个人名字或姓氏命名的品牌。如路易威登、范思哲、阿玛尼、丰田、福特、波音、飞利浦、迪士尼、爱立信、法拉利、米其林、倍耐力、西门子、沃尔玛、阿迪达斯等。细数之下，在发达国家以个人名字命名的品牌，其数量可能还要多于中国。这些品牌的经营者以自己的人格、人品对自己的品牌、商品承担保障，同时，也运用自己的人格魅力带动着品牌成长与商品销售。

或许，是随着商业经营地域的扩张，在同一地域中出现了太多相同的人名；或许，是商标法的诞生，无法让同一名称在同一行业中共存；或许，是中国经营者在学习西方品牌创造经验时，忽略了使用个人名字或姓氏作为品牌名称的例子；又或许，是不少创业者在经营品牌时，担心个人牵累企业与品牌的发展。我们看到极不情愿看到的一种现象：在中国，使用个人名字或姓氏作为品牌名称的企业越来越少，甚至有不少人刻意隐瞒、撇清自己与企业之间的关系。以“人格”为基点的品牌创造越来越少。

纵观近些年来，能够取得一定影响力的优秀品牌，几乎都与经营者的“人格”有关。

品牌人格化，不仅是西方发达国家以及中国历代经营者在商业中建立品牌、商号的核心本质，更是互联网时代创造品牌的有效方法。当然，在商业全球化的进程中，完全以个人名字或姓氏作为品牌名称，是不太可能的。在我看来，品牌人格化最少可以从以下的四种模式着手。

用个人名字、姓氏使品牌人格化：近些年来，我们同样可以发现以个人名字、姓氏带动品牌成长和商品销售的优秀事例。如：我们熟知的褚橙，以创始人褚时健个人姓氏命名，以高龄老人创业的故事，深深激励和影响了上进的人。人们购买的不只是橙子，还有永不放弃的励志精神。以至柳桃、潘苹果、宋梨等诸多以个人名字、姓氏命名的品牌纷纷加入该阵营。

用个人魅力使品牌人格化：也有一些经营者，他们虽未采用个人名字、姓氏作为品牌名称，却以个人人格、魅力带动品牌成长和商品销售。如：阿里巴巴的马云、腾讯的马化腾、百度的李彦宏、苹果的乔布斯、小米的雷军、海尔集团的张瑞敏、万科集团的王石、万达集团的王健林等。我们不难发现这些商业大腕、意见领袖正以自己的人格魅力，带动着其所经营的品牌蓬勃发展。

嫁接知名明星使品牌人格化：为品牌聘请代言明星，是近百年来企业经营品牌最常采用的方式。如：巴黎欧莱雅曾聘请巩俐、吴亦凡、李宇春、吴彦祖、井柏然、珍妮弗•洛佩兹、米拉•乔沃维奇、莉雅•凯贝蒂等明星，利用他们的影响力与人格魅力，带动了巴黎欧莱雅的品牌成长和市场销量。

创造虚拟人物使品牌人格化：虚拟人物，既比真实人类更完美，亦留给经营者更大的创作、想象空间。如统一集团的“小茗同学”，江小白的“小白哥”，脑白金的“老头老太太”，不二家食品的“PEKO”“POKO”，维力食品的“张君雅小妹妹”，旺旺食品的“旺仔”，三只松鼠的“松鼠小贱”“松鼠小美”“松鼠小酷”，海尔集团的“海尔兄弟”，酷儿饮料的“酷儿”，M&M’s巧克力豆品牌的“红豆”“黄豆”等卡通人物，已然成为人们认知与认可的虚拟人物，富有强大的影响力，并有效带动了其品牌成长和商品销售。

随着商业的发展与人们消费需求、观念的升级以及同质化商品竞争的日趋严重，冰冷的商品越来越容易被人们冷落。人们更喜欢与有温度、有情感的“人”联系，而不是冰冷的商品。正如古人所言“先做人，再做事”，人格与人品，亦代表着你的商品。创造一个具有思想、个性的人格化品牌，一个富有强大影响力的明星IP，可以说是企业与消费者沟通、联系，建立情感关系，并带动品牌成长与商品销售的最佳方式。

IP，是英文“Intellectual Property”的缩写，其原意为“知识(财产)所有权”或“智慧（财产）所有权”，也称为智力成果权，是指文学、艺术、科学、音乐、戏剧、动漫、影视等作品的作者对其作品享有的权利，包括财产权、人身权、发表权、出租权、改编权等。

并非所有的 IP，都能够称为明星 IP，只有得到一定人群认知与认可，富有强大影响力的 IP，才能被称为明星 IP。而在我看来，在一些圈层、社群等领域，被社会大众所认知和认可，具有一定话语权的意见领袖，都可称为明星 IP。本书也将着重围绕企业如何将品牌人格化、构建明星 IP 从而带动品牌成长与商品销售的主题，与大家展开深入的探讨。

第二节
互联网与中国商业的重新审视

互联网，于 20 世纪 60 年代末诞生于美国，20 世纪 90 年代风靡全球，1994 年接入中国。今天互联网已渗入人们的生活，改变了人们对世界的认知与思考方式；改变了商业的经营模式、营销方式，甚至是组织形态。互联网对世界的影响，已然毋庸赘述！笔者将互联网与中国商业之间的不同形式和影响，大体分为三种形态。

第一种是互联网平台型企业。主要有诞生于 1998 — 1999 年之间的阿里巴巴、腾讯、百度、搜狐、新浪、网易、盛大、携程、当当网，以及近年来在新技术、新思维下诞生的滴滴出行、e 代驾、美团、饿了么、拼多多、摩拜、丰巢等。它们在互联网时代拔地而起，对中国的商业、人们的生活有着深远的影响。

第二种是新型实体企业。它与前者的不同之处在于营利模式。前者在一定程度上，是通过构建平台，以平台的流量、用户的数据、资本市场的运营等为主要营利方式。而新型实体企业，它们可能自己生产商品，也可能通过他人代加工，其营利除了通过资本市场，更多是通过销售实体商品或服务。如小米、江小白、三只松鼠、泡泡玛特、野兽派、褚橙、海底捞、西少爷、喜茶、韩都衣舍、小熊电器等品牌。它们随着时代变革，借助互联网成功实现弯道超车。在秉承传统优势与商业本质的同时，与时俱进创新营销思维与方法，运用互联网、新媒体创造卓越品牌，赢得人们的认可与丰厚回报。

第三种是采用新型营销思维与方法的传统企业。新型的营销思维和方法，不仅出现于上述的新型实体企业里。一批批中国乃至国际巨头型的传统企业，在恪守初心的同时，顺应时代变迁，向互联网影响下的新型消费者靠拢。如可口可乐推出了昵称瓶、歌词瓶，百雀羚推出了长图广告，统一集团推出了小茗同学等，海尔、华为、伊利、梅赛德斯 - 奔驰、宝马、肯德基、麦当劳等企业也在不同程度上运用了新型营销思维与方法。撇开运营能力不同带来的收效差异，新型营销思维与方法的确是引领时下商业经营的风向标。

我们可以看到昨日的成功者或时下的创业者，已然在新型的营销思维与方法中不断探索前行。沉浸于昨日成功经验，势必导致前路难行。第一种商业形态，可能不一定适合大部分的中小企业和创业者，但后两种商业形态，是传统企业与初创企业必须具备的思维方式。

用全新的视角审视互联网与商业、品牌之间的形态，可以让我们更好地运用互联网、新媒体带动品牌成长和商品销售。

一、大众眼中，支撑商业新形态的互联网

互联网，早期由许多计算机之间的相互连接而组成。发展到今天，互联网应用走向多元化，越来越深刻地改变着人们的学习、生活及工作方式。

对于互联网技术，我们最能感知的便是它的快速性、便捷性，应用成本低，打破时间、空间、地域限制的优势特点。在古代，受交通、技术的阻碍，人们往往生活在数十平方千米的区域之内。去一趟州城已属不易，上京城对大部分人来说是一件很遥远的事。即使到了工业时代，有纸媒、电视等传播渠道，新鲜的事物、资讯能够传到大众耳朵里，最快也可能需要一两天，甚至是更长的时间。

同样，受交通、技术的影响。旧时的品牌，或者说商号，大部分也只局限在一定的区域内传播。只有部分商品，如丝绸、金银玉器、陶瓷、茶叶、药材等价值较高且便于运输的商品，在强大的商队、家族组织下，才能在相对较大范围内流通和经营。

而随着互联网、运输、存储等技术的发展，今天，我们对商品的经营，不仅使商品信息可以短时间内在全球传播，还可以使商品在 48 小时内流通于中国南北，72 小时内流通于欧亚、欧美等地区。区域化似乎已然不复存在。新鲜资讯更是可以在短短数分钟之内，传遍中华大地乃至世界各地。

在互联网技术的支撑下，我们的商品信息，突破时间与空间限制，得到扁平化和“零成本”的快速传播。随着物流体系建设的完善，企业所生产的商品也得以在短时间流通于世界各地。区域性的“栅栏”被互联网打破，世界变成了地球村。

在这个无地域区隔、无国界划分的地球村里，任何企业都有机会向全球进军，同时全球的企业也可能成为竞争对手。原本你在广东的一个偏远城市守着自己的企业，如今在北京、上海、哈尔滨，甚至在太平洋彼岸，那些比我们早一百多年发展的企业，都可能与你争夺同一个用户。

在这个被互联网打破区隔的商业世界里，全球企业、商品的竞争，日益剧增的新鲜事物、资讯、知识等的冲击，让诸多企业经营者感受到前所未有的压力和困惑。在这个变幻莫测、日新月异的互联网时代，想要做好品牌，把握好这个时代的商业机会，我们应该具有不同的思维，从不同的角度去观察和思考。

二、互联网与商业的全新视角

我们在惊叹互联网技术传播速度快，使用便捷，成本低廉，打破时间、空间限制等优点的同时，发现诸多商业信息被淹没于浩瀚的互联网海洋中，变成无效传播，甚至沦为互联网中的垃圾信息。为此，我们不得不从另一个视点反观，这个世界真的无区隔吗？互联网又真的能在低成本基础上快速传播信息吗？

我们先看几组数据——

来自 TFBOYS 组合的王俊凯，在新浪微博上发布自己的新歌《树读》时，获得超过一亿条的转发量。数据显示，同一时期新浪微博的月活跃用户约为 3.4 亿，除去部分重复，每 10 位微博活跃用户中，应该最少有 1 个人转发了该微博。其中不知是否有你，你对这位优秀的歌手是否有一定的了解呢？

2016 年 6 月，一篇文章让“快手”app（应用程序）突然火爆起来。此前，同样有很多人不知道，中国还有这样一个用户已突破 3 亿、流量接近于新浪微博的 app。

大概在 2013 年，笔者偶然听人说起 A 站和 B 站。到百度查一下，笔者才知道 A 站全称 AcFun，B 站全称哔哩哔哩（bilibili）。它们是国内目前人气较高的弹幕视频网站，分别成立于 2007 年和 2009 年。正在阅读本书的你，对此又是否有所认知和了解呢？

随着视频弹幕的兴起，2333、前方高能、空降成功、火钳刘明、黑化、很燃、牙白牙白、领便当等各种弹幕语言流行于 A 站、B 站、优酷、爱奇艺等视频网站，让不少观众费解，减少观赏时的乐趣。

再有，我们都可能关注了大量的微信公众号，也可能经常阅读相关账号的文章。你可能知道人民日报、罗辑思维、十点读书等微信公众号，却不一定知道一条、秋叶 PPT、雪球等针对某细分领域的微信公众号。

上面提到的是时下具有一定影响力和知名度的明星、app、流行术语、品牌、网站和微信公众号，你可以对周围朋友进行调查，特别是 1980年之前出生的朋友，可能有一部分人不知道上述内容。你还能说这个世界无区隔吗，还能说互联网能无边界地快速传播信息吗？

那么，在互联网上，又是什么在区隔信息的传播方面，引导我们对信息的认知呢？从下列这些我们天天接触、使用的平台与工具入手，你或许能找到答案。

搜索引擎：我们以百度为例。在生活与工作中，我们习惯在百度中查找自己不了解的知识、事物等。当我们在百度搜索栏中，输入“常用平面设计软件有哪些”时，它给我们的答案更多是 CorelDRAW、Adobe Illustrator、Adobe Photoshop，而不会是 Adobe Premiere、3D Studio Max；当我们在其搜索栏中输入“深圳印刷厂家”时，不会有北京的钟表工厂、南京的塑料工厂等答案。搜索引擎技术，已然对不同的信息进行分类与区隔。

电子商务：日趋成熟的电子商务，让人们越来越依赖于网购。当我们在淘宝搜索栏中输入“沙发”时，不会有电脑、显示器等商品的出现；当我们在京东搜索栏中输入“路由器”时，不会有 T 恤、牛仔裤等商品的出现；当我们在当当网搜索栏中输入“道德经全集”时，不会有《十万个为什么》《白雪公主和七个小矮人》等书籍出现。互联网技术，已然对不同的商品进行精准分类。

智能手机：这个时下被人们称为移动互联网的代表，也被人们调侃为身体“新器官”的物体，让我们的眼球和视线更为聚焦，它排除不必要的信息干扰。前段时间一位长辈到我家做客，聊起他为什么现在只用手机看新闻和股市，而不用电脑时，他回答道：“电脑老弹出一些广告和插件让你下载，而手机却干净多了。”移动互联网，进一步加剧了商品信息传播的区隔。这也是近年来互联网巨头企业加强控股或参股手机主流 app 的核心原因，因为这样做能有力占据移动互联网的流量入口。

社群：从传统在线下的同学、家族、乡邻、好友之间聚集，到今天的论坛、社区、贴吧、QQ 群、微博、微信公众号、微信群、微信朋友圈、抖音、一直播、虎牙直播、QQ 部落、陌陌等社交平台，你进入一个关于财经的贴吧，讨论的是股票、投资等话题，而不是游戏、美食、旅行、文学等话题；你进入一个深圳的本地微信群，群里都是居住或工作于深圳的人，讨论的是深圳本地的话题，而不是北京、上海等地区相关的话题。

除了以互联网不同技术、平台、地域进行信息区隔，在不同平台、区域之间，还有话题、情感、理念、文化、兴趣、爱好、宗族、行业等区隔，我们接收的信息就这样被逐一区隔和细分。

三、全新的视角中的品牌圈层化

在远古时期，人们为了抵抗自然灾害和其他生物的侵袭，像其他动物一样群居而生。慢慢地，人类又因为某些利益冲突，分散形成一个个部落，骁勇和有智慧的人成了部落主，有了自己的生活方式和领地。

到了农耕时期，人们离不开土地，以血缘、宗族等关系联系在一起。实力最强的那个宗族成了某块领土上其他宗族跟随的王者。人们有了自己的语言、知识、文化和信仰。

到了工业时代，人们已很难在社会中以自给自足的方式生存，故以协作共存的关系联系在一起。人们走进车间，走上生产线，在机器的辅助下，为有需求的人们生产更多的商品，以换取更多的财富。

随着互联网时代的到来，人们在协作中共生存的关系再一次得到升级。互联网将全世界的人联系在一起，构建了人与人、企业与企业、国家与国家之间的协作关系。同时，人与人之间的关系再也不仅仅满足于物品与物品的交换和联系，进一步升华到话题、情感、理念、文化、兴趣、爱好、宗族、行业等层面的联系。找到别人愿与你联系在一起的原因，是这个时代创造品牌首要思考的课题。

在传统的商业世界里，人们的生活圈子小。张三的豆腐细嫩、豆味浓香；李四的烧酒浓郁芳香、口感醇厚；王五的绸布色泽鲜艳、柔软舒适……优秀的商品品质，通过人与人之间的口口相传，使想买好豆腐的人找到了张三，想买好烧酒的人找到了李四，想买好绸布的人找到了王五。

到了互联网时代，人们的生活圈子得到全球化的扩张。但人们的生命、时间、精力有限，也不能够真正与全世界所有事物、信息取得联系。正所谓“物以类聚，人以群分”。人们正以情感、理念、文化、兴趣、爱好、宗族、行业、利益等因素，选择自己认同、对自己有价值，或与自己有关系的圈子进行联系。就这样形成了一个个兴趣、爱好相同，价值观契合的社群、圈层。互联网便成了这些社群、圈层之间最好的连接器。

随着消费观念、能力的升级，人们除了对商品的功能、效果、品质等存在物质层面价值的需求，还对商品是否符合自己的兴趣、爱好，契合自己的价值观等精神层面价值，也有了更高的要求。人们甚至在兴趣、爱好相同与价值观契合的社群、圈层中，寻找自己所需的商品。同样的商品，在有相同兴趣爱好与价值观契合的社群、圈层中，更容易得到认可和拥护。

喜欢小米的人，关注了小米的微信、微博，加入了小米的官方社区；喜欢TFBOYS、鹿晗的人，关注了他们的微博，加入了他们的贴吧与相关社群；喜欢电竞、游戏的人，关注了虎牙直播、熊猫 TV；喜欢短视频的人，下载了抖音、快手 app；喜欢二次元、鬼畜视频的人，加入了 A 站、B 站；喜欢罗辑思维的人，关注了罗辑思维的微信公众号，并下载了得到 app，购买了里面的付费课程和相关书籍。尽管这些人和事物也有一些不完美之处，但有相同兴趣、爱好与价值观契合的圈层，不仅让人们对这些人和事物产生认同感，参与这些人和事的品牌完善，购买相关商品、服务，还让人们共同抵御他人批判，形成自主拥护和传播。

互联网缩短了人与人之间的距离，让人与人之间得到更好的沟通与联系，人以群分的圈层化特点，也得到进一步的升级和凸显。随着商业的发展，人们对骚扰式、灌输式的广告早已心生厌烦，被动式的传播收效变得越来越弱。人们越来越喜欢在有相同兴趣、爱好与价值观契合的社群、圈层中，或者说自己所认同的社群、圈层中，寻找自己所需的商品，甚至主动对其进行拥护和口碑传播。

品牌的成长规律，也由过去依靠大量广告传播来提高品牌知名度与影响力，变成通过聚焦于某个小圈层人群，为对应圈层人群提供“匠心”的商品与“走心”的服务，并与他们取得良好的沟通、联系，驱动其对品牌产生主动拥护和口碑传播，经过一步步的经营沉淀，逐步发展壮大品牌，甚至实现几何式、裂变式的增长，使品牌成为大众认知、认可的卓越品牌。同时，品牌的圈层化，也给了我们更多的选择和机会，让再小的企业，也可以聚焦于某个小圈层，创建自己的品牌。

第三节
消费升级中，新型消费者的七大特征

常言道“时势造英雄”。因为懂得抓住改革开放、市场商品短缺、信息不对称等机遇，一些企业在不同程度上取得成功。随着商业与互联网的发展，人们生活水平的提高，同质化商品的竞争加剧，商业资讯、商品信息的高度透明化，消费者的购买能力、观念，商业的趋势、机会发生了质的改变。今天中国消费升级中的新型消费者，同样给我们带来了成功的机会。

新型消费者，不仅限于 20 世纪 80 年代 — 21 世纪初出生的消费者；更包含 20 世纪 60 年代 — 70 年代出生，对新鲜事物、生活品质有所追求，有一定的消费能力和意愿的消费者。新型消费者身上的特征有很多，经过近几年来对该群体的观察和了解，我将其主要的七大特征整理如下，或许能让企业在进行市场营销时有所参考。

一、新型消费者“不差钱”

20 世纪 80 年代，我国迈开了改革开放的伟大步伐，从计划经济全面走向市场经济，人们的物质生活开始逐步改善。国民结构，从较低收入人群占主要部分发展到今天中等收入人口已过 2 亿。而这一数字还将进一步快速提升。

不差钱，并不是真正的“不差钱”。

很多时候，我们抱怨中国的消费者舍不得花钱，或是说在中国目前的环境中，不敢乱花钱，喜欢选择或只选择便宜的商品。在经济落后的年代里，人们缺衣少食，物美价廉的商品自然在一定程度上受到消费者的欢迎。但随着经济的发展，人们更在乎是否吃得更美味、健康，穿得更时尚、个性，住得更宽敞、舒适，更在乎开的车是否更安全、惬意。人们的消费需求，已然从是否能够拥有，上升到选择比别人更好或与众不同的商品。

在埋怨中国消费者舍不得花钱、不敢花钱的同时，我们却看到另一番截然不同的景象。

内地大批消费者涌入香港购买奶粉、手机、药物、生活用品，以至于香港不得不对一些产品采取限购措施；我们的消费者远赴日本买马桶盖、电饭煲、菜刀，而一把菜刀的价格居然是人民币数百元至上千元不等；远赴美国、英国、德国、意大利去购买各种商品，以至于催生海外代购行业。据我所知，一些个人代购者年盈利居然可超过百万元。

在此，我并非认为外国的月亮比中国圆，只想借此说明一个事实：时下的中国市场缺少的并不是消费能力和消费意愿。与其抱怨市场环境与时代的变革，不如反思自己的商品对新型消费者是否有足够的吸引力，反思自己的品牌是否能够取得他们的信任与认可，让他们能心甘情愿把钱掏给你。

二、新型消费者“依赖网络”

当代消费者和年轻人或多或少都具备一些“网络依赖症”的症状。比如说我自己，常常提笔忘字，但只要手一放到键盘上，那些字却好像都被想起来了。

互联网已然成为人们生活、工作中的一部分。“网络依赖症”，除了人们常说的上网看新闻、看小说、刷视频、聊天、玩游戏等症状以外，还有一种症状被称为“网络求知依赖症”。

给女朋友送什么礼物，上网查查；见男朋友穿什么衣服，上网查查；麻婆豆腐怎么做，上网查查；Adobe Photoshop 软件中倒影效果怎么做，上网查查；王阳明是谁，上网查查；爱琴海属于哪个国家，上网查查；天空为什么是蓝色的，上网查查；地球为什么是圆的，上网查查。“网络依赖症”的重度患者在自己患病时，对自己得了什么病，该吃什么药，有时宁可相信网上的答案，也不愿相信大夫。

在以往的世界里，当人们遇到不明白的事物、问题时，首先想到请教老师、朋友。而互联网时代的新型消费者，在面对新鲜事物时，通常第一反应便是到网上查查。比如：当听到某餐厅的火锅好吃时，第一反应通常是上大众点评网看看别人如何评价；当听到某企业商品有何特色时，第一反应通常是到百度上搜索，或是到企业的官网中看看官方的信息，或是在网上看看别人的评论。

而当我们的企业连一个让人认知、认可的官方网站都没有，在百度上也找不到相关信息，或者所找到的都是负面评价的时候，又如何能获得消费者的认可，让他们心甘情愿把钱掏给你呢？

三、新型消费者“不看广告”

在过往的生活环境中，人们休闲、娱乐的方式，了解新鲜事物、资讯的渠道相对单一。仅有的几个电视台，让我们不得不收看让人厌烦的广告；夹杂在报纸、杂志中间，遍布于公交站台、楼宇之间的各式广告，不管我们愿不愿意，或多或少总能进入我们的眼球。

随着互联网的到来，人们休闲、娱乐的方式，了解新鲜事物、资讯的渠道变得丰富多元。移动互联网的普及，让人们的视线变得更为集中。相关数据显示，到 2016 年底，中国移动互联网的用户数已超过 10 亿，每个人每天花在手机上的时间接近 4 个小时。除了 8 个小时的工作时间、8 个小时的睡觉时间，以及 2 个小时的吃饭时间，剩下的大部分时间都花在手机上，而且此数字尚未累计工作时间内使用电脑等网络设备的平均时间。

新型消费者，在手机上刷微博；在手机上刷微信朋友圈，订阅微信公众号；在手机上看新闻、看小说、查资讯、查知识；在手机上刷视频、看电影、看电视剧；在手机上交友、聊天；在手机上学习、培训；在手机上逛淘宝、京东；在手机上支付、购物。当然，这些行为也可能在电脑或其他的网络设备上完成。但我们却未发现他们在手机上看推送广告，或者说纵然有推送广告，他们也尽可能以开通会员、屏蔽等方式抗拒广告。

而与此同时，我们却看到，众多微博、微信公众号上有明显的广告内容，却赢得数以万计的点赞和转发。因此，与其说新型消费者不看广告，不如说他们拒绝被动地接收广告，他们更喜欢主动寻找自己认可、与自己有共鸣的广告，甚至会主动帮它们进行转载和二次传播。

在传统广告行业里，有这么一句话："企业都知道自己有 50% 的广告费被浪费了，但不知道浪费在哪里。"而在时下，人们从早上睁开眼，到吃饭、坐车、走路、睡觉前等碎片时间都聚焦于手机，偶尔收看电视也是以快进键跳过广告，公交站台、报纸、楼宇、户外等广告信息难以进入人们的眼球，如果企业依然试图以"海陆空"轰炸式的广告，将品牌信息单向灌输于人们，被浪费的广告费可能远远不止 50%。

四、新型消费者"追求颜值"

爱美之心，人皆有之。自古以为，人们对美的事物，总是充满追求和向往。人们对美的定义有很多，如：风景美、建筑美、工艺美、动物美、音乐美、精神美等。美既存在于抽象的事物之中，也存在于具体的事物之中；既有内在的心灵美，也有外在的颜值（网络词汇，指评判人和事物的外观优劣的"指数"。后"值"字具有的"指数"意义淡化，"颜值"可直接指外表、外观）美。

人们对美的认知、追求是相对的。在过往的商业环境中，人们的生活水平较低，相同商品之间的竞争步伐也不够激烈，人们对商品的要求更多在实用的层面，企业往往通过领先于他人的生产能力和效率占领市场。在商品和品牌的外在颜值上，往往也只做到“有”足矣。

随着生活水平的提高，人们对美的认知水平有了极大的提高，对美好的事物也有了更高的追求和向往。新型消费者对商品的要求不再停留于“有”或“无”层面，而在于是否比别人的更好。这个“更好”，既指商品内在的“实用”层面，亦指外在的“颜值”层面。他们往往评判事物外在的颜值后，才产生下一步的深入了解和购买行动。

正所谓“差之毫厘，谬以千里”。在动物的世界里，雄孔雀展开五彩缤纷、色泽艳丽的尾屏，以俘获雌孔雀的“芳心”。企业在经营中，除了要打造商品、品牌的内在品质，同样要打造它们的外在颜值，以俘获新型消费者的“芳心”。

今天在商品、品牌外在颜值的打造上，除了相对传统的奢华、豪阔、高端、大气等风格外，更有简约、轻奢等风格，以及原创性较强的手绘、亲和力较强的卡通等创作方式。

五、新型消费者“很有个性”

个性张扬、追求自我、非主流，这些经常被人们贴在“80后”“90后”身上的标签，以后同样会被贴在“00后”“10后”的身上，甚至是被贴在“60后”“70后”的身上。

什么是非主流？什么是个性？简而言之，便是追求的事物、兴趣、爱好、言语、行为与大众原本熟悉的情况，或者说与主流文化有所不同。而当我们清晰理解“人以群分”，人们以不同的话题、情感、理念、文化、信仰、兴趣、爱好、宗族、行业、专业、利益划分出不同圈层、社群后，我们便可以清晰地认知和理解，个性、非主流，原来只是与自己不同。

每个人在不同的年龄阶段，受先天性格和身边环境的影响，都会有自己与众不同的个性、偏好、价值观。如：小朋友喜欢动画片、动漫图书；年轻人喜欢周杰伦、鹿晗、TFBOYS；小女孩喜欢布娃娃、公主裙；小男孩喜欢汽车、机器人；老年人喜欢京剧、越剧；有人喜欢染发，有人喜欢戴耳环，有人喜欢穿破洞牛仔裤，有人喜欢鬼畜视频，有人喜欢二次元，有人喜欢《王者荣耀》，有人喜欢养花，有人喜欢练字。无所谓对或错，也无所谓你是否喜欢，你跟他们之间只是个性、偏好、价值观不同，不在一个圈层而已。

个性、非主流其实是一直存在的现象。为什么在“80 后”“90”后身上经常被提及？这同样源于互联网技术的进步。互联网技术的进步使人们的生活区域得到扩张，获取不同信息的数量增加和速度提高，随之加深了人们对不同群体的认知，也加剧了人与人之间不同个性、偏好、价值观的变化。而在此之前的数千年里，人们的成长和变化都是一个相对缓慢的过程。对于企业经营者而言，我们要做的不是屏蔽、抗拒“个性”“非主流”，而是主动了解，尽可能走进新型消费者的圈层之中。

六、新型消费者“呼唤代言”

在互联网的影响下，社会发展很快，快得让人们找不着自己的学习标杆、模仿对象。年轻人想要独立，却总被父母细心呵护；懂得孝顺，却忍不住与父母争吵；想要独处，却总被推入拥挤的人群；不喜欢孤独，却总被朋友冷落；喜欢自由，却总被生活束缚；渴望成功，却总被现实阻挠；不想张扬，却总被推成主角。他们心中有情，有爱，有欢乐，有痛苦，有甜美，有忧伤，有自豪，有失落，有幸福，有委屈，有理想，有抱负，却不知如何表达，不知向谁倾诉。他们呼唤代言，呼唤可以表达自己心中所思所想的代言人、代言物。

于是，鹿晗、TFBOYS 成了年轻群体的代言人；小说、游戏、动漫里面的虚拟人物，成了二次元爱好群体的代言人；陈星的《流浪歌》成了许多离乡游子的代言曲；得到 app 成了爱智求真人群的代言物；小米成了发烧友的代言物；苹果成了时尚的代言物；褚橙成了励志的代言物；江小白成了简单生活的代言物；海底捞成了极致服务的代言物。

市场营销，终归是对人的营销。你的商品、品牌能否帮助人们表达个性、思想、气质、能力、信仰、兴趣、爱好，或是身份、品位，是能否驱动人们主动拥护品牌并进行口碑传播的关键所在。

七、新型消费者“充满智慧”

与互联网一起成长的新型消费者，不仅可以通过文本、视频了解新鲜事物，更可以在工作之余的出行时间，通过喜马拉雅、懒人听书、得到等 app，了解新的资讯，学习新的知识。亦可以零成本注册微博、微信、今日头条、抖音、快手、一直播等平台账号，自由地发表个人文章、意见、观点、评论。因此，我们可以看到，一些企业、个人在做出欺瞒、伤害大众的行为时，相关负面信息在互联网上迅速发酵。而当对方做出一些“遮遮掩掩”的公关活动时，更是被网友推向“万劫不复”之地。纵观这些年，“死”于网友议论中的企业、个人不在少数。在诸多平台的文章、视频的评论中，我们亦经常可以看到众多出乎自己意料，充满内涵、创意的评论内容。

“群众的眼睛是雪亮的，人民的智慧是无穷的。”在这个时代创造品牌，我们可以“娱乐”大众，但切勿“愚弄”大众，因为，在互联网时代，新型消费者从多渠道获取知识、信息，眼睛更亮，智慧更多。企业切勿自以为聪明，做出制造噱头、恶意炒作、欺瞒大众等行为，纵然你再聪明，也无法匹敌万千网友的智慧，通常都只能自食其果。只有坦诚与人们沟通，才能得到网友们的认可与拥护，让品牌茁壮成长。

第四节
两个时代，截然不同的品牌成长之路

两个时代，指传统商业时代与互联网时代。传统商业时代，这里说的是互联网在人们的生活与商业经营中未得到充分普及的时代。与传统商业时代相应的，是传统企业。

“传统”，不在于企业是生产、制造型企业，采用线下的商场、超市等销售渠道，还是运用互联网、电子商务等销售渠道，而在于企业不属于新型实体企业，不懂得运用新型的营销思维和方法。

一、传统商业时代，品牌成长的三种策略

策略一：懂得模仿，敢拼低价。“山寨”与“低价”，应该是中国企业经营者和消费者熟悉的两个关键词。老干妈火了，老于×来了；娃哈哈火来，娃哙×来了；营养快线火了，营养抉×来了；洽洽瓜子火了，治×瓜子来了；可口可乐火了，可喜可×来了；特仑苏火了，特浓×来了；奥利奥火了，粤利×来了；康师傅火了、康帅×来了……

我曾经问过一位创业者，为何不自己创新商品、创造品牌，而喜欢模仿他人。对方的回答是："模仿是最安全的方法。只要模仿已在市场上得到认可的商品，模仿其包装、商标，与被模仿的商品放在一起，售价比对方低 20% 至 50%，必然有图便宜的消费者选择。而自己不需要投入研发创新的费用，更不需要广告投入，利润还是有的。"

在过往的商业环境里，企业往往只需要模仿前沿品牌，将商品的品质、外形、包装做到相似度达 80%，将商品售价做到低于它们的 20% 至 50%，便可以截取一定的销量。目前，这一策略依然适用于一些四、五线城市和乡镇集市。随着互联网的普及，同质化商品的高度过剩，以及人们的消费能力、观念的升级，依然采用模仿他人，以低品质商品和低价格竞争的策略，无论在线下还是线上，势必越来越难行。

策略二：懂建渠道，能压货款。可口可乐、娃哈哈、伊利、蒙牛、康师傅、统一等品牌，你除了可以在都市中的沃尔玛、万达广场、美宜佳、7-ELEVEn 便利店等看到它们的身影，在高速公路的服务区、偏远乡镇的小卖部里，你同样可以看到它们的身影。我们能看到他们无处不在的商品，就可以想象到他们支撑渠道建设的商品库存，以及在渠道布局中的压款能力。正是这样的能力，构建了他们强有力的商业壁垒和销售能力，使后来的竞争者难以跨越。

我从来都不否认渠道的重要性，即使你有再好的商品、再强的市场营销能力，没有销售渠道的支撑，它们都只是空中楼阁。但随着互联网的发展，商品的销售、流通渠道显然也有了改变，或者说，互联网已然为跨越渠道壁垒提供了可能性和方法。因为，对比传统的多层级渠道构建模式，消费者更喜欢扁平化的"直营"方式。

策略三：注重名气，敢"砸"广告。在传统商业中，曾经上演了一段段"标王"的传奇故事。"标王"的力量，使原本默默无名的秦池、爱多 VCD 等品牌一夜之间名扬天下。在很长一段时间里，品牌知名度等于品牌价值，是诸多企业经营者对品牌的认知。高知名度，自然少不了广告的投入。因此，过往无论是明星本人或是企业品牌，我们都可以看到类似的成长形式。

明星，泛指有名的演员、歌手、艺人等。在传统的商业世界里，一个人要想成明星，首先要有一定的演艺能力，有自己的歌曲或演艺作品。然后有专业的经纪公司，帮他们包装、推广，开发布会，把广告投放于电视台、广播、报纸、杂志。当有了一定名气，他们便开始在全国各地开演唱会、出唱片、出影片，偶尔还可能需要“爆”点个人内幕，以免淡出公众的视线。

而企业品牌的成长，首先同样要有商品。商品是企业自己开发或模仿他人生产的东西。当商品从生产线出来，如果消费者并不太买账，企业就找来品牌服务机构，为商品进行市场调查和定位，给它找卖点，如包装、策划概念，聘请明星代言，开发布会，设计平面与影视广告，将它们投放于电视台、公交站、报纸、杂志、高速路牌、电梯、商场外墙等，再加上终端销售渠道中市场人员的跟进，通过“海陆空”造势、立体式的广告投放，造就品牌知名度和带动商品销售。

纵观过往国内外诸多知名品牌，尽管在具体实施时方法、策略上有所不同，但通过大幅度广告投放将品牌信息单向强制灌输给人们，从而打造品牌知名度带动品牌成长和商品销售的方法，却大体相同。

二、互联网时代，品牌成长的三种策略

策略一：渠道扁平化。在传统的商业世界里，一件商品从工厂的生产线出来，经过省级、市级、县级等代理商和批发商、商场、超市等层层分销，最后才到达消费者手里。每一层级的代理分销商都要收取一定利润，再加上终端卖场的高额返点，到消费者购买时，一件商品的零售价格往往是出厂时的数倍，甚至更高。

随着互联网技术的发展，人们在百度上寻找供应商、服务商，在天猫、京东、有赞商城中购买商品，摒弃了中间大部分的分销环节。购买价往往低于传统层层分销、层层利润叠加后的零售价格。信息透明化，中间商被摒弃的扁平化渠道形式，对大部分传统企业构建的商业壁垒造成巨大的冲击和影响。

但并非所有互联网销售渠道都属于扁平化渠道。比如：在一些多层级的微商

模式中，分销的层数与每个层级之间所增加的利润，可能还要高于传统的分销模式。当然，并非所有微商模式都是多层级化的，同样有不少直营的微商企业，以扁平化的渠道给消费者带来实惠的价格。与此同时，亦有一些所谓的“新型”商业，将线下“拉人头”的模式搬上互联网，穿着“分享经济”的外衣，依靠发展分销商获得盈利。

同样，并非所有线下渠道都是多层级化的。比如：百果园在自己超过 2 000 家的实体店中，销售着自己 200 多个果园，以及扁平化合作果园中的优质水果。诸如此类的线下商店，已然呈现快速增加的趋势。不仅在水果、蔬菜、食品、服装、美容等领域，在百货行业中，也不乏此例。两年开店数量超过 1 000 家的名创优品，其成功的关键，便在于优化传统零售渠道层级过多、价格虚高等要素，做到渠道扁平化的直营。

在商品同质化、信息透明化、渠道多元化的互联网时代，同等价值的商品，消费者往往只会为更低售价的渠道买单。无论你的商品是通过线上还是线下渠道进行销售，都必须尽可能减少中间的流通环节，让利于消费者。必须在给予消费者优于他人的商品和服务同时，给予他们更实惠的售价。与此同时，在渠道扁平化趋势的影响下，缺乏优质商品生产能力或缺乏品牌创造能力的代理商，以及无法自建销售渠道又缺少终端销售渠道资源和相关运营能力的企业，同样将越来越难。

策略二、标准组件中的定制化。随着消费能力、观念的升级，人们已然不再满足于人有我有，随波逐流，人们更关心商品是否符合自己的个性、兴趣、爱好、价值观等，甚至不惜专属定制。

因此，个性化定制成为当下企业经营者关注的热点话题。但目前大部分企业的个性化定制，仍属于简单的初级模式。如：在成品服装、保温杯等商品上，加印名字、头像、商标、广告语等内容。对于更深入的个性化定制模式，大部分行业仍在探索。随着人工智能、大数据、虚拟现实等技术的发展，商品的个性化定制必然能得以完美实现，届时也将再一次冲击和变革传统的商业形态。

然而，商业之所以能得到规模化的扩张和传承性的发展，其核心亦在于能将商品生产、团队运营等方面标准化复制。标准化与定制化，似乎在一定程度上有矛盾与冲突。

标准化与定制化，两者之间如何选择？在我看来，片面追求定制化，在商业经营中必然遇到瓶颈。如品牌服务行业，我们就一直想扩张自己的咨询与设计等运营团队，但在每个客户的需求都完全不同的行业，想要大规模复制团队谈何容易？在标准化创作、规模化扩张的同时，往往亦带来平凡且庸俗的方案复制。还好该行业能对真正有能力的团队给予相对较高的回报，而大部分行业，却更应该懂得“标准组件中的定制化”。

“标准组件中的定制化”，可能是我提出的一个新术语，但却不是今天才出现的商业现象。20 世纪初期创立的哈雷摩托，便致力于将传统摩托车的销售模式改为个性化定制模式。哈雷在销售摩托的同时，提供标准化生产的不同车架、车轮、车灯、坐垫、变速装置、倒车镜、脚踏等零部件，并且提供颜色、图案的个性配置，以至于一颗颗装饰性的螺丝、螺母，哈雷都能帮你量身定制。消费者可以根据自己的喜好和创意，选择标准化的零部件，进行个性化的组装和配置。据说世界上没有两台完全一样的哈雷摩托。

“标准组件中的定制化”，顾名思义，即对一款商品或商品的零部件，通过标准化设计多种不同的模型、款式、风格、形状。消费者通过虚拟或实体场景，结合自己的喜好进行选择，组合自己喜欢的个性商品。

如尚品宅配结合大数据提前设计大量不同风格、款式的卧室、书房、客厅、厨房等标准化方案，以及大量不同板材、颜色的地面、墙面标准化方案。消费者可以根据自己的实际空间结构、个人喜好和创意，通过尚品宅配网站中的虚拟场景，进行个性化组装和配置，打造自己喜爱的家居装修和家具配置方案。

如宜家家居秉承美观实用的原则设计，标准化生产大量不同款式、风格的桌椅、储柜、床品、沙发、厨具、灯具等商品。消费者同样可以根据自己的喜好和创意，通过在宜家实体商场中使用场景体验，自由选择搭配自己喜爱的办公、家居装饰方案。

除上述所举案例，今天在冰箱、空调等领域，已有一些优秀企业在研发和试行“标准组件中的定制化”，相信不久将会推行于市场。传统标准化、规模化的生产经营模式，可能在市场中逐步走向衰落，但片面追求个性化定制，同样将在一定程度上降低人们在消费中的体验和确定性，同时也将对大部分行业造成一定的发展限制。

“标准组件中的定制化”，既是今天商业发展中受人们追求的必然趋势，又是企业降低库存的轻资产运营模式。即使你所在的行业难于在商品研发、生产中实现“标准组件中的定制化”，也必须将其体现在品牌、包装、服务等层面上，满足人们与众不同的个性需求。

策略三：培育粉丝驱动品牌成长。在传统的商业环境中，人们获取信息的渠道较为单一，信息量也远不如今天庞大。我们可以通过大幅度、高强度的广告“轰炸”，将品牌信息强行灌输给人们，从而提升品牌知名度和影响力，带动商品销售。但到了人们不看广告，依赖网络，呼唤心中的代言人、代言物，甚至主动参与拥护和传播自己所认可的人和事的商业时代，传统“砸”广告的品牌创作方法，收效变得越来越低。在消费升级的互联网时代，品牌的成长可能需要广告传播，但更需要驱动人们去拥护和传播。无论是明星还是企业，都应该懂得培育粉丝，驱动其主动参与拥护和传播。品牌拥有的粉丝数量越大，粉丝们对品牌的认可度、忠诚度、参与度越高，品牌的资产和价值越高。

时下百度搜索风云榜中，排名前列的明星歌手和演员，他们不仅具有颜值与才华，他们还属于经纪公司，但在营销推广的模式上，却与传统模式截然不同。他们借助互联网的优势，建立个人的微博、贴吧等粉丝基地，与人们平等沟通、互动，让人们参与、见证自己的成长。当这些原本远离人们的生活，“冷冰冰”“高高在上”的明星，突然在平台中与人们平等沟通，变得有血有肉有情感时，他们变成了人们身边的朋友，成了人们的拥护对象和心中向往的代言人。与此同时，人们也成了伴随他们成长的超级粉丝。他们即使有一些不完美，也可以得到粉丝们的谅解。因为，所有人都不可能是绝对完美的。当他们有一些绯闻或负面信息出现时，粉丝们将主动维护他们。因为，维护他们就等于维护自己身边的好友，以及维护自己心中的代言人。一些粉丝更是自发组织成团，不遗余力地为其宣传，从而形成倒灌式的效应，引起大众媒体的关注，帮他们上新闻头条，赢得人们的广泛关注。

对应到企业品牌成长，以大众熟悉的新型营销思维特征凸显的小米品牌为例。小米成立之初，并没有急于生产商品和投放广告，而是在研发商品的同时，首先建立了自己的小米社区。通过一年多时间的沉淀，小米社区中参与小米手机研发和测试，从注册用户到认可、忠诚于小米品牌的“米粉”，由开始的数十人，发展到数十万人。当小米手机正式对外开放预订时，半天内预订超 30 万台；第一次正式售卖时，5 分钟内 30 万台售完；公司成立两年多时间，完成新一轮 2.16 亿美元融资，估值达到 40 亿美元。因此形成倒灌式的效应，引起大众媒体的关注，帮小米品牌上了新闻头条，赢得了人们的广泛关注。

除此之外，通过先培育粉丝驱动品牌成长的例子还有不少。当然，更多的品牌还是在销售商品与经营传播中，逐步积累品牌粉丝和资产。在互联网时代中创造品牌，我们不一定要完全学习上述品牌的创造方法，但必须懂得借助互联网的技术与优势，构建品牌的粉丝基地，培育品牌的超级粉丝，驱动人们对品牌的主动拥护和口碑传播。

第五节
粉丝经济中的“粉丝”思考

一、粉丝与用户之间的区别

粉丝，通常被指为“追星族”，即迷恋崇拜明星的一个群体。在我看来，“粉丝”并非当前时代下的产物。从古时，追求与喜爱诗歌的作者、戏曲的表演者的人们，到今天对演员、歌手、运动员等明星，以及漫画、动画、品牌、商品等事物有高度认同和追求的爱好者，都可以被称为“粉丝”。

粉丝经济，是指在关注者与被关注者之间产生的市场交易行为。在传统的商业里，粉丝经济虽然一直存在，但一般只指粉丝购买演员的影片，歌手的专辑、演唱会门票，或购买其所代言品牌的商品。随着互联网技术的发展，时间、空间等限制被打破，粉丝经济得到进一步发展。交易场所由传统的实体空间，扩张至互联网、新媒体、社交媒体等领域；创收行为扩张至服务收费等领域；被关注者也扩张为意见领袖、虚拟人物等明星，乃至各行业的优秀品牌、商品。

与企业产生市场交易行为的人群，在传统商业里，通常被企业称为“用户”，而随着粉丝经济的发展，他们也被一些企业称为“粉丝”。那么，“粉丝”与“用户”之间究竟有何区别？两者的定义，目前也引起不少学者的争论。在此，我提出一些自己的观点。

用户，原指电脑或网络服务中的使用者，泛指购买企业商品、服务的使用者；而粉丝却不一定如此。粉丝，在商业中，指对某品牌、商品有高度认同和追求的爱好者，他们愿意主动对企业商品、服务等进行拥护和口碑传播；而用户，却不一定如此。

例如在小米只经营手机商品时，我虽不算它的用户，却是它的粉丝。因为我没有选择购买小米品牌的手机，但我愿意经常了解它的动态，学习它的营销策略，并主动向他人传播，甚至指出他人对其不正确的认识和理解。今天，在我的办公室与家里已然摆满小米品牌的电视、耳机、路由器、手环等商品，我成为小米品牌的忠实粉丝和用户。

用户，可能购买你的商品，但不一定认可你；而粉丝，则首先是认可你，进而购买你的商品。粉丝，可能喜欢你的优点，同样也可能接受、原谅你的缺点；而用户则可能秉持相反的态度。

用户最明显的特征是当你打折价低时，他可能选择你，但同时也可能带着一份否认和怀疑；当你恢复合理售价时，他却可能成为另一个低价商家的用户。

而粉丝，给你更多的是认可、欣赏、尊重，甚至是敬佩。今天，他们可能未购买你的商品，但当他们身边的亲人、朋友有相关需求时，他们将极力推荐；当某天他们也有相关需求产生实际购买行为时，就会产生一种满足感。即使在购买后未得到应有的满足，他们也将尽可能向你提出具有建设性的改进意见。

二、粉丝的三大维度

一个企业可能拥有很多用户，却不代表着这些用户都是它的粉丝。清晰理解粉丝的三大维度，或许能让我们在商业经营中更为巧妙地转换与运用粉丝和用户。

有共同价值观，才能产生粉丝。不少商家运用“鱼塘理论”，采用不同“噱头”推广，或以一些虚拟、实物利益为“诱饵”，将人们“圈”进自己的“鱼塘”中。

再以一些策略、手段，诱导“鱼塘”内的人员购买、付费，成功实现“捕鱼”的结果。但我们不难发现，当人们进入“鱼塘”，获取一些蝇头小利或发现商家所言不实后，就会选择屏蔽、退出，以致出现大量“僵尸”号和“僵尸”群。鱼塘理论固然没错，但并不代表关注你的人，或是被你“圈”进“鱼塘”中的人，就是你的粉丝。因为，能够让人们对一个品牌、商品形成认可和拥护，甚至产生长期购买行为的，绝不是你的“噱头”，也不是你的蝇头小利，而是与人们息息相关的情感、理念、文化、兴趣、爱好、宗族、行业、利益等因素。只有有共同的兴趣、爱好、价值观，才能构建有效的社群、圈层，才能产生有效的粉丝，得到他们的认可和拥护。

有情感连接，才能产生粉丝。粉丝，毕竟是高度认可和崇拜明星、品牌的“追星族”。对于如何培育粉丝，不少人依然认为只有把自己包装得“高大上”，包裹得严严实实，才能得到人们的仰视与崇拜，驱使他们成为自己的粉丝。企业应该以什么样的态度对待消费者，也一直有争议。企业与消费者之间的关系在下面三个不同阶段有所不同。

第一个阶段，即短缺经济阶段，也称为卖方市场阶段。此时，企业拥有市场的话语权，决定商品的生产和定价，消费者处于被动的地位。第二个阶段，即商品过剩阶段，也称为买方市场阶段。此时，消费者像上帝，同质化的商品随处可见，企业只能降低利润和合作要求，企盼上帝光临和关照。今天商业发展到第三阶段。你的商品想完全不被模仿、没有竞争对手，显然难乎其难。但如果一味降低利润和合作要求，迎合消费者以获得“关照”，同样将难以为继，甚至走向衰亡。今天，企业与消费者，不再是谁有求于谁的关系，而是相互认可、同等价值相互交换的关系。

粉丝对企业、品牌，通常不会是仰视的态度，更多是一种信任、认可、尊重或钦佩的态度。企业、品牌对粉丝，也不该是把自己包裹得严严实实，甚至抱持“高高在上”的俯视态度，而是懂得与他们坦诚、平等地沟通，让自己有血有肉有情感，与其建立一种友情关系，变成他们身边的朋友，得到他们的信任、认可和拥护。时下借助互联网、新媒体崛起的明星歌手、演员，就是很好的借鉴。

这些万众瞩目、受大众崇拜和追求的明星，放低姿态，与粉丝们平等沟通，建立情感关系，从而得到了人们的亲近和拥护。

情感，是人与人之间建立关系、维系关系的最佳连接器，也是人们战胜冰冷机器的最有力优势。在被互联网打破“区隔”的商业世界里，包裹得越严实，往往摔得越难堪。随着商品同质化竞争的加剧，缺乏人格担保和情感连接的品牌和商品，越来越难赢得人们的认可和选择。因为，人们喜欢与有血有肉、有情感有温度的“人”联系，而不是与冰冷的商品联系。

对品牌忠诚、认可，有重复购买行为的，才是品牌最重要的超级粉丝。只有拥护行为，没有实际购买行为或促成购买行为的粉丝，诚然不是企业需要的。而只有购买行为，对品牌缺乏忠诚和拥护的用户，同样难以让企业赢得持久发展和丰厚收益。

因此，在商业经营中，我们要做的是尽可能让认可品牌的粉丝成为长期有重复购买行为的用户，让曾与企业产生合作、购买行为的用户成为认可和拥护品牌的超级粉丝。超级粉丝是企业经营中最应该重视和维护的核心群体，也是品牌最核心的资产。

19 世纪末，意大利经济学者维尔弗雷多·帕累托在调查中发现大部分的财富流向了少数人手里。于是，他认为，在任何一组东西里，最重要的只占其中一小部分，约 20%，其余 80% 尽管是多数，却是次要的，这就是二八定律，也称最省力的法则、不平衡原则等，它被广泛应用于社会学及企业管理学等方面。

大部分企业 80% 的利润，同样来自 20% 的顾客。因此，在商业经营中，我们同样强调企业聚焦服务于某一圈层内的核心顾客，而非盲目追求更多。与一万个人分别产生一次交易，远不如与一千个人重复产生多次交易。一百万个没有忠诚度的用户，远不如一万个认可与拥护品牌和有重复购买行为的超级粉丝。

在这个英雄辈出的商业时代，我们更应该秉承一份匠人精神，宁缺毋滥、宁缓勿躁，相信慢即是快、少即是多，从小圈内层做起，真诚与人们沟通，建立友好的情感关系，并为他们量身定制，提供个性化且售价优于他人的“匠心”商品和“走心”服务，把有限的资源、精力，聚焦培养和服务于认可、拥护品牌且有重复购买企业商品行为的超级粉丝。

将品牌人格化，构建明星 IP，让品牌与人们建立情感关系，与人们平等地沟通、联系，吸引一定圈层内的人群成为品牌的超级粉丝，形成品牌的自有圈层，并驱动其主动对品牌进行拥护和口碑传播，帮助品牌逐步发展成为大众认知和认可的卓越品牌。这既是互联网时代的品牌成长规律，也几乎是品牌减少成本和高效成长的最佳方法。

第二篇

决定品牌成败的五个关键词

很多人都说，创造品牌很难。事实真的如此吗？

在上一篇中，我们对消费升级、互联网技术变革下的商业环境，以及时下品牌的成长策略，有了大概的分析与了解。接下来，我将带大家进一步深入了解运用互联网、新媒体降低品牌创造成本，提升品牌竞争力的方法与策略。

面对越来越发达的互联网技术，层出不穷的营销方法、概念，我们不能只是效仿别人，关键是学习“高手”怎么想。在探索品牌如何驱动人们主动拥护与传播的策略、方法前，我们更应该理解品牌成功的原则。

常言道“万变不离其宗”，现在已然不是靠一招一术取胜的时代。品牌营销战场上能否御敌在于你具备什么样的思维，能否洞察、把握品牌营销的本质、原则及品牌成长规律，从而准确掌握品牌的“航行”方向，让品牌创造得到系统化的执行与沉淀。

与品牌相关的词语有很多，如差异化、认知、记忆、知名度、美誉度、忠诚度、传播、诉求、专注、符号、口碑、定位、文化、形象、个性、概念、属性、价值、利益、系统、联想、主张、造势、借势、细分、整合、分享……为什么选择“简单”“聚焦”“创意”“具体”“共鸣”这五个关键词作为决定品牌成败的核心原则呢？

这些年，在品牌创造的工作实践与学习，以及对众多成功、失败的品牌案例的深入研究分析中，我惊奇地发现，越遵循这五个关键词原则的品牌，越容易取得成功。反之通常都在品牌创造上兜兜转转，浪费不必要的时间与金钱，甚至走向衰亡。

当然，并不是说每个品牌，或者品牌创造中的每个环节，都必须完全遵循“简单、聚焦、创意、具体、共鸣”的原则。你可以遵循其中的一个或几个关键词，但有一点可以肯定的是，遵循该原则中关键词数量越多的品牌，越容易取得成功。

第一节
“简单”的意义

简单，从来都不简单。

创造品牌，很复杂。但如果懂得围绕品牌的创造原则，按照本书所阐述的品牌创造步骤、策略，系统性地执行与传播，你会发现品牌创造，可能是如此简单、易行。

一、人性向往简单

简单，有时被人们当贬义词用。如指头脑简单、能力平凡，或是用于对事物的粗陋、庸俗、草率、马虎、轻视等评价。以至于很多时候，人们不得不以简约来替代简单。

营销是针对人性的营销。懒惰便是人的坏习性之一。《圣经》列举的人性“七罪宗”中，便有“懒惰”。在杰克·特劳特的《简单的力量》一书中，亦提到耶鲁大学人类关系学院的心理学家约翰·科勒德在描述人类七种常见恐惧时，指出人类恐惧思考与依赖他人的建议。这同样揭示了人类偷懒的特征。

我们不难理解，当遇到一个陌生的复杂事物时，人们往往都会首先选择屏蔽、逃避、抗拒。当一个品牌脱离“简单”的原则时，不论其商品品质的优劣，或它们能给予人们怎样的价值和功效，想让人们对它们产生认知与理解，都将付出加倍的代价。

小时候，快乐是一件很简单的事情；长大后，简单却是一件很快乐的事情。今天的人们越来越向往简单的快乐。比起传统的见面、饮食、拜贺等礼节文化，人们更喜欢化繁为简，并追求简化的礼节仪式；比起古时的长袍长辫，人们更喜欢简衣短发；摒除特定场合等因素的需要，今天的男人们并不那么喜欢西装领带，女人们亦不那么喜欢高跟鞋，他们更喜欢简单、舒适的运动服和平底鞋；比起浓妆艳抹的“华丽”打扮，人们更喜欢淡妆轻抹的“简素”妆容；比起拥有丰富的门派、副本、任务、升级、宠物、城战等体系的大型游戏，简单、易操作的《俄罗斯方块》易得到更多人的青睐，以至于被评为最经典的游戏，且可能是迄今为止玩家数量最多的一款游戏。同样，微信小程序中的《跳一跳》、HIT-POINT 开发的《旅行青蛙》等游戏，亦因简单、易操作，成为大众喜爱的游戏。

二、简单到极致就是大智

正如老子《道德经》中所言：“天下难事，必作于易；天下大事，必作于细。”任何复杂的事物、学科，究其根本，都有一套简单的体系，都在讲述一个简单、易行的道理或方法。

如我中华伟大的道家学说。从伏羲氏的一画开天地，太极生两仪，两仪生四象，四象生八卦，再到周文王的八八六十四卦，都在一定程度上告诉人们简单的两个字——“定位”。同样，老子的《道德经》这套记载处世之道的旷世之作亦精简地告诉人们，一个人在不同的人生阶段，应该做什么的“简单”道理。

再如释迦牟尼（佛陀）所创佛学。看似纷繁芜杂，但佛陀所悟亦为“简单”真谛。为达到解脱人生之苦的目的，原为太子的佛陀离开皇宫，入禅 6 年后在菩提树下顿悟成佛，所悟真谛皆由“因果”二字而生。其顿悟的“四谛”真理，同样简单向人们阐述，人生本质的苦、苦的原因、消除苦的方法和达到涅槃的最终目的。

自从品牌被企业提升到核心战略层面以来，与品牌相关的书籍、观点多不胜数。我所学习的相关书籍中提到的观点、策略，有一些相对易于吸收，但同样有不少难辨真伪和难以理解，也很难将其付诸实际运用中。

公元前 1 世纪的罗马作家普布利柳斯·西鲁斯以“买家愿意为之付出的价格就是一件事物的价值”简短概述了“定价”。而一位大学教授在一本定价相关书籍中却用了 400 多页讨论当今的定价概念，涵盖了数理基础和价格的关系，以及成本和利润等方面。我认为，定价策略可能无法用一句话完全概括，但过于复杂地论述和表达一件事物往往也是一厢情愿的自娱产物。

三、复杂的事物，需要简单呈现和执行

简单，看似简单。但正所谓知易行难，了解一个道理很容易，要真正对其产生深刻认知，并将其运用于品牌创造中，却非易事。在商业经营中，将简单的事物复杂化导致企业蒙受损失的例子，数见不鲜。

曾经，施乐公司误认为电脑时代的办公室中，人们需要的不是简单的复印机，而是将电脑、复印机等办公设备集为一体的机器，所有信息将通过数字来处理。为此，施乐公司投入数十亿美元收购从事商业数据处理，以及生产轮式印刷机、电脑硬盘、软盘驱动器和军用复杂电子光学仪器等的公司。但当其付出大量资金与时间后，尴尬的是人们仍主要为施乐公司的简单复印技术买单，而非它的信息技术。优秀的施乐公司，尚且将简单的事情复杂化，陷入以多种技术为人们解决多种需求的误区，何况我们这些平凡的创业者！

14 世纪英国著名逻辑学家威廉·奥卡姆提出的“奥卡姆剃刀原理”（又称简

单有效原理）中便清晰指出，“如无必要，勿增实体”，即切勿浪费较多资源去做利用较少资源同样可以做好的事情。

我们可以看到许多人终日忙碌却鲜有成果，究其原因在于不能有效地将事情简单化执行。互联网技术的发展，给我们带来前所未有的大量信息，时间与精力成为人们最稀缺的资源。只有将复杂的事物简单呈现，才能让人们更快速、方便地认知、理解、记忆与执行。

如 2007 年 1 月美国苹果公司联合创始人史蒂夫·乔布斯在发布第一代 iPhone 时，没有直接指出它智能的复杂性，而是“简要”地告诉人们，它是移动电话、iPod（苹果公司设计和销售的多媒体播放器）与网络通信工具组成的一个新手机。同时，将原本占据手机表面大半的固定键盘，优化为一个“简便”按钮；将原来的触控笔操作，“简化”为更方便的手指触摸操控；将复杂的操作系统，以“简单”的方式呈现。产品给人们带来简单、方便的良好体验。这为苹果公司带来巨大成功。

如 2015 年 3 月腾讯公司创始人马化腾在“两会”上答道：“腾讯这一两年战略做了很大的调整，我们把搜索、电商业务都卖掉之后，更加聚焦核心，就是以通信和社交为核心平台，以微信和 QQ 为平台作为连接器，我们希望搭建一个最简单的连接，连接所有的人和资讯、服务。第二件事就是内容产业，就这么简单，一个是连接器，一个是做内容产业。”员工超过四万人、业务体系众多的腾讯公司，执行思路却是如此简单和清晰。这一份“简单”，让腾讯公司阔步前行，成为中国市值最高的上市公司之一。

纵观时下纷繁复杂的大数据与云技术，同样以最“简单”的结果呈现于人们眼前。如：搜索引擎中的结果匹配、金融系统中的信用记录、医疗体系中的诊断结果，以及我们日常中使用的滴滴出行、美团外卖、摩拜单车等。

品牌，这一复杂的事物，同样需要“简单”地呈现和执行。只有遵循“简单”的原则，运用“简单”的技巧，才能让品牌得到普及性的传播与执行，让企业在品牌创造中得以减少成本和高效积累价值。

而将“抽象”的品牌创造，转化为简单、清晰的文字、图形、语言、视频等内容与工具，亦可以让企业在浩瀚无垠的市场中更清晰地找到属于自己的“航道”，让企业员工在既定“航道”中更清晰地前行，让人们更简单、快速地认知和记忆企业与品牌的专业优势、商品品质、功能。

第二节
“聚焦”的力量

一、聚焦，是将品牌与商品做到极致的根本

聚焦，原意之一为“使光或电子束等聚集于一点”。太阳的能量极高，由于它的发散形式，阳光照射到地球时，再强烈也照不透一张纸；但能量远低于太阳光的激光，通过聚焦的方式，可以轻易对钻石进行切割。

聚焦，不完全等同于定位，却是将定位执行到位的关键。一些创业者秉持“东边不亮西边亮”的原则，喜欢同时经营多个产业、多个项目、多个品牌；喜欢在商品上添加尽可能多的功能，为消费者提供尽可能多的服务，满足人们尽可能多的需求，试图以此获得更多的利润。

然而，在大众创业、万众创新、同质化商品过剩，以及人们消费能力、观念升级的时代，人们已然不再满足于你是否能够为其提供很多的商品和服务，而更关注你的商品是否比别人的更好，服务是否比别人的更用心、更贴心，售价是否比别人的更实惠。

纵观传统或互联网商业时代，我们不难发现因为遵循“聚焦”原则而取得卓越成就的商业案例。

如曾三次问鼎中国内地首富的娃哈哈创始人宗庆后创业 30 多年来，依然恪守“弱水三千，只取一瓢”的经营原则。在不少人觉得做实业赚钱慢，玩资本来钱快的当下，他依然坚守踏踏实实经营实业，一点一滴地积累，最终娃哈哈集团成为中国最大的食品饮料企业。正如宗庆后所言：“当你所有的思想聚集于一点，强大的力量由此而生，它汇聚人脉、金钱、一切。”

如名列《2017 年 BrandZ 最具价值全球品牌 100 强》第 68 位的美国 Costco（好市多）连锁会员制仓储超市，其成功的核心原因同样在于两点聚焦。一为服务群体聚焦，美国有 3 亿人，Costco 只服务 5 000 万中产阶层，目标是让这 5 000 万人口袋里一半的钱都花在 Costco。二为商品选择聚焦，严格挑选极致单品。在沃尔玛超市中有近 10 万种单品，但在 Costco 超市中却只有区区 4 000 多种，每一个细分品类Costco都只选择1～3款精品。因为聚焦，每个单品可达到更大的销量，从而获得更低的采购成本。与此同时，Costco 还节省了广告投入、高昂租金等，致力于以最低的价格给会员提供高品质的品牌商品。

德国著名的管理学思想家赫尔曼·西蒙所著的《隐形冠军》一书，亦列举了大量因聚焦而取得非凡成就的企业。如聚焦于汽车车牌的 UTSCH，业务布局 120 多个国家，营业额达 2.5 亿欧元；聚焦于伸缩狗链的 flexi（福莱希），在此领域占有全球大约 70% 的市场份额；聚焦于剧院窗帘和舞台道具的 Gerriets（杰里茨），是世界上生产大幅舞台幕布的唯一厂家，占有全球 100% 的市场份额。

对于“隐形冠军”，赫尔曼·西蒙列举了它们身上的一些共同特点。“隐形冠军”通过聚焦一个狭小的细分市场，坚持由自己企业内部生产商品，深耕成为世界一流的企业。它们所聚焦的细分市场可能是使用者都不会注意到的芯片卡黏合剂市场、可口可乐里的柠檬酸市场，甚至是小小的按钉、燕尾夹等的市场。“隐形冠军”对研发的投入是一般工业企业的两倍多，商品质量永居首位，它们不断创新，建立新竞争者难以模仿的竞争优势。它们的利润非常高，员工离职率非常低，年营业额为 5 000 万欧元至 50 亿欧元；它们的存在时间在 30 年甚至是 100 年以上。“隐形冠军”取得持续性的成功没有秘诀，它们只是比其他企业更加坚持大家都知晓的常识。如此简单，却又是如此艰难！

在我们身边，同样有大量因为聚焦而取得非凡成就的企业品牌。如：加多宝始终坚持单品制胜的原则；江小白依然是青春小酒；老干妈还是那熟悉的辣椒酱；微软占据了全球个人电脑 90% 的系统；英特尔占有全球微处理器 80% 的市场份额；麦当劳、肯德基依然以汉堡、薯条、饮料为核心商品；专注于潜艇三明治和沙拉的赛百味，截至 2017 年 6 月，在全球 100 多个国家拥有约 42 000 家店铺……

诸如此类的成功品牌多不胜数。它们无一例外都在遵循与运用着聚焦原则。它们可能聚焦于一个单品、某一个系列的商品、某一圈层人群，或是某一种风格，抑或是某一种价值观念。聚焦，让它们在品牌创造上得以减少成本和高效积累价值；聚焦，让它们对品牌的创造变得更简单、易行。

二、聚焦是一种思维原则，更是一种能力

市场，犹如林中的一群鸟，现只有一颗子弹，你可以选择“聚焦”，瞄准一只鸟将其击落；亦可以选择对着一群鸟放一枪后，惊飞所有的鸟。同时经营多个品牌、项目，扩张商品线，可能“东方不亮西方亮”，也可能在短期内为企业带来更多销量，但长期下去必然削弱品牌竞争力，减少商品销量。

“聚焦”其理易明，其行却甚难。毕竟扩张项目与商品线，确实可能带来销量，特别是一些遇上发展“瓶颈”的企业或许能借此突破“瓶颈”。扩张是那么诱人，那么聚焦与扩张之间，该作何选择？在我看来，扩张通常只适合于部分企业的生存期与商品的试错期。企业无法生存，谈发展都是徒劳无益，但想要在商业中取得卓越的成就，则必须掌握“聚焦”的能力，否则终将徘徊于平庸的生存期。下面是我的一些策略与技巧，或许能对你有帮助。

做好一件事，再做一件事。这一策略，其实源于我国的优秀企业家史玉柱。他在跳出电脑产业多元化扩张之际，曾在 1 年内推出上百款新产品，仅 1995 年就推出 12 个主打的保健品品种，几乎涵盖减肥、健脑、开胃等的保健品领域；同时又将原计划建造 38 层的巨人大厦提升到 70 层。在盲目扩张与追求快速发展导致

悲剧性的失败后，他通过“聚焦”于脑白金得到逆转性的成功，从而得出了一个时期只做一件事的人生心得。今天的史玉柱，虽同时涉足保健品、游戏与银行领域，却完全谨慎奉行他的人生心得。首先做好保健品领域，到得以交付团队运营与业绩领先时，抽个人之身与极少启动资金再创游戏产业。在游戏产业也步入行业领先地位之际，投身于银行领域。在他“把你的人力、 财力、 物力都往真正最有竞争力的一点去聚焦”与“一个企业动作越少越好，动作多了，失误概率就大”等观点中，我们也可以看到这位优秀的企业家再次创业后得以持续成功的核心因素。

同一时间，只有将所有精力聚焦一点，才可能将一件事做得比他人更好，才可能在某一方面领先于他人。一个企业、品牌、项目、商品，也只有真正做到行业领先，又有专业团队可托付时，你才能再开始做另一件事。这两个条件缺一不可，否则你的每件事都只能做得一般。我们看到诸多优秀创业者，涉及多个领域，他们要么是遵循了“做好一件事，再做一件事”的原则；要么在其他领域，都只是参与投资，并非自己同时在经营多件事。

做好一个渠道，再做一个渠道。互联网变革了人们的生活方式，也变革了企业的传播、销售渠道。今天，除了传统的电视、报纸等传播渠道，还有百度、微博、微信、直播、短视频等互联网传播渠道；除了传统的商场、超市等销售渠道，还有天猫、京东、亚马逊、唯品会、蘑菇街、有赞商城、微信朋友圈等销售渠道。面对日新月异、层出不穷的传播、销售渠道，不少创业者倍感迷茫。渠道，本身没有好与坏之分。关键在于你是否熟悉这个渠道，你的商品又是否适合这个渠道。即使渠道多么具备变革性、颠覆性，如果你不熟悉或者商品不适合这个渠道，那么这个渠道给你带来的往往不可能是利益。无论渠道如何变革，我们都应该先打造自己熟悉、能带来一定回报和保障的渠道，将所有人力、财力聚焦于此。在聚焦做好一个渠道后，再与时俱进地拓展下一个适合于自己的渠道。

用好一个方法，再开拓一个方法。这一技巧，与上述的渠道经营原则相似。互联网的技术发展，同样变革了商业的经营模式和营销方法。今天，除了传统的代加工、倒买倒卖、拉网式推广、多层级代理等方法、模式，还有新型的众筹、众包、跨界、共享经济、新媒体、新零售、社群、直播、微商等方法、模式。面对日新月异、层出不穷，甚至是颠覆性的经营方法、模式，一些企业经营者盲目跟风、舍本逐末。在我身边有一位极为传统的经营者。所谓极为传统，是指他的工厂只经营传统的代加工业务，他不懂互联网，不懂什么颠覆性的方法，甚至没有过多的销售团队。他只是将其二十多年来所获得的大部分利润，不断用于更新设备和升级技术，给予加工客户品质更高的商品与实惠的价格。在这个代加工厂哀鸿遍野的商业时代，不可否认他目前所获盈利已不如往昔，但每年仍有接近八位数的收益。据我观察，他目前的方法最少在 10 年内仍然有效，而 10 年后可能是他的下一代应该思考的事了。虽然方法极为传统，但“聚焦”却带来了积累性的力量。

方法不在于多，而在于精。运用同样的方法、模式，有人满载而归，有人却可能血本无归。方法本身亦没有好与坏，只在于是否适合你，你又是否懂得聚焦，将其发挥至极致。盲目地追求方法、模式，通常都只会被它们所累。对大部分创业者而言，当下远比未来重要。与其盲目跟风、追随他人的脚步，不如“聚焦”，用好当下自己最擅长且仍然有效的方法，然后再与时俱进地开拓下一个有效方法。

做好一个品牌，再做一个品牌。我所接触的企业中，有同时经营多个品牌的。这些品牌既没有商品、项目的差异，也不针对不同层次的市场。它们的出现仅仅是因为经营者秉持“东边不亮西边亮”的多点经营思维，以及“一个品牌出问题，还有一个品牌”的备胎思维。

互联网技术的发展，不仅让我们的时间碎片化，亦让我们的信息接收、工作形式变得碎片化。今天只有把有限资源、资金、精力、人力都“聚焦”于一个点，把商品研发、广告宣传、视觉形象、思想观念、营销方法、服务策略等都“聚焦”于一个点、“聚焦”于一个品牌而实施，才能提高一个品牌得到更大成功的可能性。

在饱受互联网冲击而业务“碎”成一地的商业时代，我们的企业经营者却不能受环境影响而随波逐流。企业经营者更应该懂得将发散式的“碎片”聚焦为一个点，创造一个品牌，建造一座为消费者和企业员工指明“航道”的灯塔。

唯有聚焦，才能做到极致。唯有做到极致，才能更好地让企业在这个同质化商品高度过剩的市场中脱颖而出，构建自身的商业壁垒，获得更高的销量与利润。“聚焦”也是让再小的企业都可以拥有自己品牌的原则与技巧。

第三节
“创意”的目的

品牌创造，需要简单，需要聚焦，还需要创意的衬托。

一、创意的误区

创意已然沦为司空见惯的通俗用词。小至威客网（服务众包平台）上数百元一款的标志设计，大至“大师”手中数百万元一套的策划方案，无不强调着自己的创意。以致人们难以区分何为出色的创意，何为适合自己的创意，又或者只是为了追求创意而创作。

创意不是创作噱头。在具有零成本，快速，打破时间、空间限制等传播优势的互联网时代，创意常常被人们误认为是有“噱头”的创作。一个餐厅、商场、旅游景点开业前期，一个商品、服务、平台推上市场之际，又或者在企业的运营之中，不少经营者穷思竭虑，甚至请来专业的“大师”，为他们创作一个“噱头”、一次“炒作”，让企业与商品信息得到广泛传播，形成热议的焦点。

于是，美女送外卖、开豪车送快递成了一些企业的营销“宝典”；于是，被“偷拍”、被“爆内幕”、被“盗号”成了混淆黑白的商业手段，以致人们难辨真伪；于是，“蹭”热点、“诋毁”对手、“引”争议成了一些企业所谓的“借势营销”；于是，有了限制胸围招采茶女的“奇葩”招聘；于是，有了所谓“女神”在街头车站派传单……

诸如此类的商业“噱头”层出不穷。殊不知，在充满智慧的新型消费者面前，这些“创意”噱头，在使企业得到广泛关注的同时，亦可能使企业被人们否认，甚至是鄙视。

创意不是创造意外。合乎情理的常规事物，往往不能得到人们的注意；而出乎人们意料的事物，往往却能得到关注，甚至被二次传播。

狗咬人常见，人咬狗才足够让人意外；38 岁女人创业不足为奇，83 岁老太太网上卖工艺品才足够吸引人们的眼球；送外卖是天天在发生的事，开豪车送外卖才有意外的“惊喜”……

平凡无味、墨守成规注定被淹没于浩瀚的商海中。吸引人们的眼球，引起人们二次传播，是创作品牌传播内容时，应该遵循的一个基本原则。然而这样的创作，却不是创造“意外”，“推倒”人们可以接受的情理界限。优秀的创意，不是墨守成规，亦不是揠苗助长；不只是“情理之中”，同样也不只是“意料之外”，而是“情理之中的意料之外”。只有既“突破平凡”，又能“符合情理”的创意，才能让企业既得名，又收利。反之，脱离人们接受的情理界限的“创意”，都可能在为企业带来一时热议的同时，削减品牌价值。

创意不是矜奇立异。我思考了许久，终于找到“矜奇立异”这个词来说明人们对创意的误解。矜奇立异，即夸耀奇特，标榜新异的意思。品牌创造，我从不否认它需要一些与众不同，然而过于追求“奇特”与“新异”，将对品牌的传播造成极大的认知阻碍。甚至很多时候，企业经营者或创意策划人员，都不知缘何需要这些“奇特”与“新异”。这些“奇特”与“新异”，或许只是为了彰显他们的“创意”能力，或许只是为了标榜他在行业里的“新异”，又或许他们是为了获得大奖，甚至仅为了甲方支付更高的创意费。

如商品包装设计，总有一些创作人员为了“奇特”与“新异”，将包装设计成三角形、星形等奇特形状，附加多道复杂工艺，使用稀有的纸张，却忘了包装的制作成本、工艺实现效果，以及仓储运输等实际情况。如在为房地产企业创作广告语时，总有一些创作人员创作让人费解，甚至大部分人都不能准确拼读的“创意”词汇。他们在追求“创意”之时，却忘了广告的目的，是让人们快速、准确地认知和记忆企业。

创意，甚至不是原创。很多人在想，客户就是为创作者的原创点子买单，创意脱离原创，似乎未达到顾客的要求。然而，我们反观一个行业中的商品形态、商业模式 、营销方法等，能让人们认知与认可的可能就那几种，没有那么多完全的原创。

事实上，原创都是相对的。人们总是在模仿，或者说在学习他人中成长。关键看谁做得好，或者说谁将其运用得更恰当。

如一本书、一篇文章中的所有思维、方法能说完全是作者原创吗？显然不能。至少所采用的词组、词义，必然源于前人创作。事实上，几乎每一部著作，都借鉴、融合了前人的方法与智慧。如一幅平面设计作品，无论你如何标榜它的原创性，其元素、色彩、字体、表现形式等，都是以前人的创作为基础的。再如快手、抖音等视频 app 中有一些好的创意或话题出现时，都会引发大量“同款”的视频出现。它们有些无人问津，有些却能引来数百万的“红心”点赞。它们之间的差距往往不在于创作者是否懂得“创意”，而在于能否将某个“创意”表现得更出色。

二、创意对于品牌的核心目的

在时下商品与品牌同质化日趋严重的商业环境中，企业应倡导创新、创意，让企业在市场中别具一格，从而拉开与竞争对手之间的距离，构建自身的商业堡垒，显然毋庸置辩。但创意不仅在不同领域所需的形式不同，且不同领域需要创意的目的，往往也截然不同。

有的创意，是为了获取奖杯；有的创意，是艺术所需；有的创意，是为了让人品味；有的创意，是为了供人欣赏；有的创意，是为了倡导公益；有的创意，是为了夺人眼球；有的创意，是为了提升生活品质；有的创意，是为了颠覆传统……

但这些都不是品牌创造需要创意的核心目的。品牌创造需要创意的核心目的只有一点：驱动人们购买、合作和传播，从而减少品牌传播成本，同时高效积累品牌价值和企业资产。

一句广告语、一幅宣传海报、一条15秒的广告片，创意的核心目的在于让人们快速对品牌产生认知与记忆，甚至是引发二次传播，从而减少品牌传播成本；而非让人们揣摩、欣赏你的创意。一个商品包装，创意的核心目的是吸引人们的注意，驱动人们购买；而非突出材质、工艺有多稀缺、高贵，包装形式有多“奇特”和“新异”。

减少成本，是相对于品牌投入时的浪费而言的，并非“极低”成本，或是“零”成本。品牌能够得到大众的认知与认可，必然是基于资金、资源、时间、精力的付出与沉淀。在这个“智商过剩”的商业时代，没有人能靠一个点子取胜，也没有人能靠一个创意打造品牌。优秀的创意，可能让你付出的100万元投入换来200万元以上的传播效果。反之你将浪费的可能不只是50%的投入成本。

创意是通过挖掘和激活资源组合方式进而提升资源价值的方法。通俗而言，创意是基于原有基础和资源的一种组合表现方式；是把一个事物和想法进行延伸、组合、创新、创作；是基于学习、吸取他人的优点，结合自身实际需求、观点、想象空间，创作另一种不同的表现方式。对品牌创造而言，这种表现方式，既能恰当表达品牌的别具一格，又能减少品牌的传播成本，而非一味追求“奇特”“新异”，甚至是所谓的“原创”。

优秀的创意，源于人们熟知和习惯的生活方式、兴趣爱好、文化信仰、情感态度等，而非天马行空的结果。优秀的创意元素，时刻环绕于我们身边，只看谁将其运用得更好、更恰当。未经时间洗礼与市场检验的所谓“创意”，都可能让企业付出沉重代价！

我们倡导品牌给人们带来优越的体验，亦倡导创作的原创性，同时我们更应该注重品牌创造需要创意的核心目的。所有不能让人们快速对品牌产生认知与记忆，驱动人们购买、合作和传播，从而减少品牌传播成本，积累品牌价值的创意，对品牌而言都是失败的创意。即使你的“创意”多么奇特、新异、颠覆、原创、华丽、博奥，对品牌的创造都没有太大意义。

第四节
“具体”的作用

优秀的创意，需要简单、具体地呈现。

一、具体，让人们清晰认知和行动

在生活中，我们随意浏览一些企业的网站、海报、包装、画册、视频、户外广告等宣传载体，不难发现一些类似于“诚信合作，共赢未来”“竭诚服务，伴您成功”“质量为本，行业领先”“传承经典，优势无限”等概念模糊、面面俱“圆”的宣传内容。这些内容看似有所言语，但在信息量浩如烟海的互联网时代，诸如此类传播内容，只能被称为“没有错误的废话”。

同样，我们也不难发现，在一些网页、海报、包装、视频等宣传物料中，挤满了企业的各种理念与商品的优点、参数、功能等信息。企业恨不得将自己与商品的所有相关信息，都“塞入”小小的屏幕、版面中，试图让人们更综合、全面地了解。这种追求大而全的思维、方法，同样是想要的越多，得到的反而越少。

随着移动互联网与智能手机的普及，这些年我们都可能曾与轻松筹、水滴筹等医疗大病救助筹款平台有过接触，并献上了一份绵薄之力。在互联网诞生之前，类似的筹款一直存在于小村、小镇等，但数量太多，人们难辨真假，参与的人较少。

而在轻松筹、水滴筹等医疗大病救助筹款平台上，人们可以清晰地了解自己所帮助的对象，包括他们的家庭状况、社会背景、疾病数据、亲友证明等资料。同样是爱心筹款，同样是帮助他人，只是让人们可以更清晰、具体地了解自己所帮助的对象，就能让更多人参与进来，可见“具体”对同一事物的不同影响和作用。

由此可见，无论是在原本小村、小镇的生活圈层中，还是在被互联网打破地域限制的生活圈层中，人们往往只会为自己清晰认知的具体事物付诸行动。

二、具体，是让人们清晰认知事物的每一个点

具体，在汉语中指的是不抽象，不笼统，细节明确；同时也指实际存在与特定的。词义不难理解，道理也极为简单。但真正将“具体”贯彻于品牌传播时，不少企业经营者容易陷入花同样的钱，想表达得更周详，包含的范围更广泛，让人们了解更多信息的错误之中。

具体，不是模糊概括，不是综合周详，更不是面面俱到，而是让人们能够清晰认知事物的每一个点。再出色的商品品质、创意内容，都需要简单、具体的呈现。对此，你在以下阐述的一些策略与技巧中，或许找到答案。

具体的数字。在品牌传播中，运用具体的数字是最应该掌握的基本技巧，如具体的经营时间、具体的团队人员、具体的材料数据、具体的生产设备参数、具体的功能指数、具体的客户数量、具体的销售金额等。越是具体、清晰的数字，越易于被人们接收和认知。

具体的素材。在品牌营销中，素材是必不可少的基本因素。过往的作品案例、

客户见证、签约现场、销售数据，权威机构颁发的专利证书，行业协会颁发的资质荣誉，公司的办公环境、团队照片，工厂的车间环境、生产设备，商品的研发、生产历程，与品牌合作权威的销售、传播渠道等，我们都可以对其进行有效的拍摄、记录，整理为可用素材，通过不同的传播载体，真实、具体地呈现于人们眼前。越是真实、具体的素材，越易于被人们认知和认可。

具体的图形。在品牌的商标、包装、海报、画册等设计创作中，我们通常会勾画一些图形、图表，以此提升品牌的视觉体验，同时让人们更直观地了解品牌信息。但图形毕竟包容性强，且容易变得抽象，在设计创作中，总有一些创作人员为了追求作品有创意，赋予它尽可能多的内涵，包罗尽可能多的寓意。一个品牌标志的释意，居然要用数百字，甚至过百页的 PPT（幻灯片）来阐述。

图形的创作，同样要求减少品牌的传播成本。优秀的图形，是普通大众一眼就能认知的图形，是通过简单描述就能让人们脑海中出现准确画面的图形，而非需要创作人员或传播人员进行二次、深度解释的图形。你可以花时间解释，消费者却没时间听你解释；你可以解释，传播时的投入成本却不“理会”你的解释。所有阻碍人们认知企业与商品的图形、图表，对品牌而言都是失败的创作。越是具体、形象的图形，越易于被人们接受和理解。

具体的言语。在品牌营销中，一些企业经营者或创作人员，为追求面面俱到，或标榜“奇特”“新异”“品位”“层次”，总喜欢创作一些让人们感到陌生和寓意深奥的传播内容，来彰显他们的高雅与不平凡。如“旖旎隽美，品味雍容人生”“吟风颂雅，精彩生活”“华贵典雅，演绎时尚”“恒久魅力，源于内涵”“怡然雕琢，妍容悦成”“璀璨明灯，黑暗克星”等。诸如此类包罗万象、不知所云、让人们揣摩不出意思的广告内容，都必然造成品牌在传播时的极大浪费，使品牌信息淹没于浩瀚的商业海洋之中，被人们忽视。

具体，是让人们能够一目了然的那个点。具体的表现形式，源于人们熟悉的与兴趣、爱好、文化、信仰、情感、理念等相关的日常生活习惯。具体的言语，是人们熟知的日常用语和通俗易懂的口语，是带有个人情感、态度的言语，而非让人揣摩的专业术语，以及“冷冰冰”“高大上”的官方语言、书面用语，或是让大部分人费解的文言古语。具体的言语，如哈根达斯：“爱她就请她吃哈根达斯。”娃哈哈：“喝了娃哈哈，吃饭就是香。”脑白金：“今年过节不收礼，收礼还收脑白金。”大宝：“要想皮肤好，早晚用大宝。”王老吉：“怕上火喝王老吉。”农夫山泉：“我们不生产水，我们只是大自然的搬运工。”红牛：“困了累了喝红牛。”小米：“为发烧而生。”江小白：“我是江小白，生活很简单。”……

无论是传统的还是互联网变革中的商业时代，每一个让人们如数家珍的品牌传播内容，都必然是源于人们生活的通俗、易懂、清晰、具体的日常用语。而那些所谓的“著名”广告语，虽已被录入经典名列，或已获得某个奖项，却早已淡出了人们的视线，被人们忽略和遗忘。越是具体、令人熟悉的言语，越易于被人们认知和铭记。

三、具体，是让人们付诸行动

具体，让人们更简单、清晰地认知一个事物，并付诸行动。它除了能让人们对一个事物产生认知与记忆，更在于让人们明晰参与的目的，以及参与之后能够得到的好处、利益，同时号召人们付诸实际行动。

如在前文提及的广告语中，哈根达斯告诉人们，请爱慕的女性吃哈根达斯代表了你爱她；娃哈哈告诉人们，想要吃饭香，就喝娃哈哈；脑白金告诉人们，给父母送礼，要么不送，要么就送脑白金；大宝告诉人们，早晚用大宝的行为，能让皮肤更好；王老吉告诉人们，怕上火的时候要喝王老吉；江小白告诉人们，想要简单的生活就喝江小白。

具体，不仅适用于品牌的对外传播，同时也贯彻于企业内部，贯彻于人们的生活、工作中的点点滴滴。优秀的企业、团体，都缺少不了具体的愿景、目标。如阿里巴巴：“让天下没有难做的生意。”丰田汽车：“有路就有丰田车。”麦轩食品：“一百年做好一件事，用心做好饼。”它们不仅成为人们耳熟能详广告语，还清晰指导企业团队的行动方向。为此，我所创建的牛势广告，也好好学习了一把，提出“让企业在品牌路上少走弯路”的具体目标和愿景，便于人们理解的同时，指导团队的前行方向。

在品牌创造中，我们需要懂得简单、聚焦、创意的原则与技巧，同时需要懂得将优秀的创意及品牌这些“抽象”的事物，以人们熟悉的数字、素材、图形、言语等具体的方式呈现，让人们快速认知、认可企业、品牌、商品信息，清晰理解自己参与的动力、目的、好处、利益，从而铭记于心中，付诸实际行动。

第五节
“共鸣”的驱动

共鸣，是品牌驱动人们主动拥护与传播的核心因素，也是时下乃至未来的商业环境中，品牌有效减少成本和高效成长的关键因素。理解“共鸣”在品牌中的应用原则与技巧，我们应该从人性的本能开始。

一、人性的两种本能

人类，之所以不同于一般动物，是因为人有感情，有思想；有理性的一面，也有感性的一面。虽然人们又将人类区分为感性人与理性人，但没有人只有其中的一面，感性与理性只是相对的存在。男人和女人在不同时间、场景之下，所表现出的感性与理性可能不同。

男人，相对偏于理性；女人，相对偏于感性。但在面对一些现实困难时，女人却可能理性得如钢铁般坚强；而在一些感人的事物面前，男人也有热泪盈眶的感性一面。理性是人基于已知的事物，通过合理的逻辑推算的结果。感性则是人遵从内心的潜意识，没有附加更多客观条件而直接表现出来的结果。如果说理性掺杂了后天培养的成分，感性就是一个人与生俱来的本能。

具体，是理性的。但正所谓只可意会，不可言传，人们对事物的认知往往存在抽象的感知层面，无法进行具体的定义和表达。一个品牌或商品的风格、气质、涵养、性格、思想、理念、价值、特色、品质、色彩、味道、体验、服务等诸多方面，人们除了对企业所组织的数据、图形、言语等内容产生具体认知外，更多时候只会用自己抽象的言语去概括它。比如“好”与“差”、“快”与“慢”、“高档”与“低档”、“时尚”与“老土”等抽象性的定义和表达。

大多数时候，人们只会以直观的感觉去定义一个品牌或商品的好与差。就像小时候看电视剧，我们只懂得以好人和坏人来区分不同阵营和角色，而不懂得综合其他客观的条件与事物后进行评判。以至于长大成熟后，在评判一个人时，仍有“一看就不是好人”的本能思维。对一个事物的评判，人们依然相信自己直观的“第一感觉”，所以才有一见钟情、一见如故、一拍即合。

在接触新鲜事物时，人们总是先通过视觉、嗅觉、触觉、味觉和听觉认知，再进行理性分析。感知在前，理性分析在后，只有通过第一步感知的认同，才会有第二步的理性分析与购买合作。是否选择一个品牌的商品，虽有理性层面的分析，但往往亦取决于直观的“第一感觉”。而且感性总是战胜理性，以至于有“人是情感的奴隶”一说。感觉到了，就买单。有时人们逛街回来，理性分析后发现买了很多不需要的东西。感觉到了，就喜欢你；感觉到了，就追随你；感觉到了，就拥护你；感觉到了，就成了你的超级粉丝。

然而，感觉却非一厢情愿而产生的，它需要情感深处的共鸣，需要你去唤醒。

二、共鸣，源于人性的本能

共鸣，从物理角度阐释是物体因共振而发声的现象，如两个频率相同的音叉靠近，其中一个振动发声时，另一个也会发声。在汉语词义上，指思想或感情上的相互感染而产生的情绪。共鸣，是人与人或人与事物之间的共识，而非一厢情愿的“自娱自乐”。

共鸣，亦是人类与生俱来的本能。在生活、工作中发生的与自己过往经历相似的事件，与自己相似的兴趣、爱好、思想、态度、信仰、情感等价值观念，抑或是与自己类似的情绪表现、做事风格等行为，都可能引发人们的愉悦、悲愤、感慨、同情、赞许等共鸣感应。

从古时学生们跟随先生摇头晃脑一遍一遍诵读“关关雎鸠，在河之洲。窈窕淑女，君子好逑……”，到当代著名歌手崔健在舞台上深情地唱着“我曾经问个不休，你何时跟我走，可你却总是笑我一无所有。我要给你我的追求，还有我的自由……”，无论你是贫穷还是富有，无论你是默默无闻还是万众瞩目，总有事物唤起你心中的共鸣。

我们不难理解，在生活中所遇到的一首诗词、一首歌曲、一部电影、一个情节、一篇文章、一个章节、一个故事、一句言语，都可能让“频率相同”的人们心生共鸣。曾经，秦观的《鹊桥仙(纤云弄巧)》、柳永的《蝶恋花(伫倚危楼风细细)》、李商隐的《无题(相见时难别亦难)》唤起多少相思之人的共鸣？龙军演唱的《打工行》、陈星演唱的《流浪歌》唤起多少思乡游子的共鸣？曾经，由美国传奇影业、暴雪娱乐联合出品的电影《魔兽》，唤起多少玩家的共鸣？他们携家带口挤进电影院，中国首日就有近 3 亿元的票房收益。吴京导演的《战狼 2》，唤起多少爱国人士的共鸣？它取得全球票房 8.7 亿美元的优秀成绩。

共鸣，是相同频率的共鸣，是源于思想与情感的感染。同一事物，在不同场景、不同时期下所能引发的共鸣，不尽相同。如李商隐的《无题(相见时难别亦难)》，主要唤起相思之人的共鸣，且往往是在他们独处之时；龙军演唱的《打工行》，主要唤起思乡游子的共鸣，且往往是在他们受挫之时。一个人，无论他今天多成功、富有，都会有一些不尽人意的过去、一些财富之外的不足、一些与他“同频率”的兴趣、爱好、态度、信仰、思想、情感，只要触及他内心感性的本能，都可能唤起深度共鸣。

三、共鸣，让品牌被拥护而生

在前面章节的探索与分析中，我们已大致理解品牌成长的两种不同模式：传统的模式为通过大幅度、高强度的广告“轰炸”，将品牌信息强行灌输于人们的心中，从而提升品牌知名度和影响力；今天的品牌创造，更多为通过培育品牌粉丝，驱动其主动对品牌进行拥护和口碑传播，从而积累品牌价值与资产。

这两种模式的区别不在于品牌是否采用互联网、新媒体渠道进行传播，而在于一个品牌在创造过程中不仅是企业自己在不断地创作内容、投入广告费用进行传播，而且是有人愿意主动参与进来对品牌进行二次传播，甚至主动地创作文字、图片、视频等内容进行传播、推广。

人们主动地传播与推广一个事物，主要有两种情况：一是对该事物产生不满与否认后，主动发起攻击性、批判性的传播；二是对该事物产生共鸣与认同后，主动发起拥护性的口碑传播。对于前者，显然不是品牌创造想要的结果。拥护性的口碑传播，却是品牌创造中有效减少成本的策略之一。

如人头马的“人头马一开，好事自然来”、百达翡丽的“没人能拥有百达翡丽，只不过为下一代保管而已”、戴比尔斯的“钻石恒久远，一颗永留传”、哈根达斯的“爱她就请她吃哈根达斯”、百度的“百度一下，你就知道”、动感地带的“我的地盘听我的（我做主）”、江小白的“我是江小白，生活很简单”、小米的“为发烧而生”、优乐美的“你是我的优乐美”等，被人们广为传播除了因为其简单、有创意与具体，更因为它们能唤起人们的共鸣。尤其是动感地带的“我的地盘听我的（我做主）”，已被人们广泛应用于日常生活，甚至衍生“我的生活我做主”“我的青春我做主”“我的学习我做主”等不同领域的应用语言。

如从“凡客体”“见与不见体”“咆哮体”“幸福体”“私奔体”“主要看气质”“世界那么大，我想去看看”“贾君鹏，你妈妈喊你回家吃饭”等大量刷爆互联网，引得人们主动传播和模仿的商业话题，到雷军：“只要站在风口，猪也能飞起来”、马云：“今天很残酷，明天更残酷，后天很美好，绝大多数人死在明天晚上，看不到后天的太阳”等被人们广为传播的商业名人名言，再到人们通过软件一键生成，在微信朋友圈广为流传的“性格标签”“楼宇表白墙”“军装照”等内容，这些内容之所以得到人们的主动参与和传播，亦在于它们感染了人们思想与情感，唤起了人们内心的共鸣。

在这个信息爆炸的互联网时代，可以说很难再有企业可以仅凭一己之力，依靠大幅度的广告投放，将品牌信息单向强行灌输给人们。在这个时间、空间区隔被打碎的互联网时代，一个企业在过去、现在、将来的言行举止，包括在原本相对封闭的公司内部、家庭生活中的一举一动，都可能被透明化、放大化，被世人所知，甚至是被扭曲事实后传播。

没有人能说自己没有任何缺点，也没有人能确保一个企业、品牌、商品在经营中不犯任何错误。一个品牌，只有拥有一定数量的忠诚拥护者、超级粉丝，才能在这个时间、空间区隔被打碎的商业环境中，更好地保持基业长青，稳步发展。事实上，这些年来不少缺乏粉丝基础、无法唤起人们的共鸣与拥护的品牌，尽管一时之间拥有一定的知名度和影响力，但在经受一些负面挫折后，轰然倒塌。

如果说“简单”与“具体”，让一个品牌被人们快速认知和记忆。那么，“共鸣”便让一个品牌得到人们快速信任和认可，让品牌在人们的主动拥护和传播中成长。而“聚焦”与“创意”，则是让一个品牌更容易引起人们“共鸣”的原则与技巧。在后续的篇章中，我将与你继续探索，品牌如何唤起人们的共鸣、拥护，驱动口碑传播的实用策略、技巧，以及系统性的实施步骤与方法。

第三篇

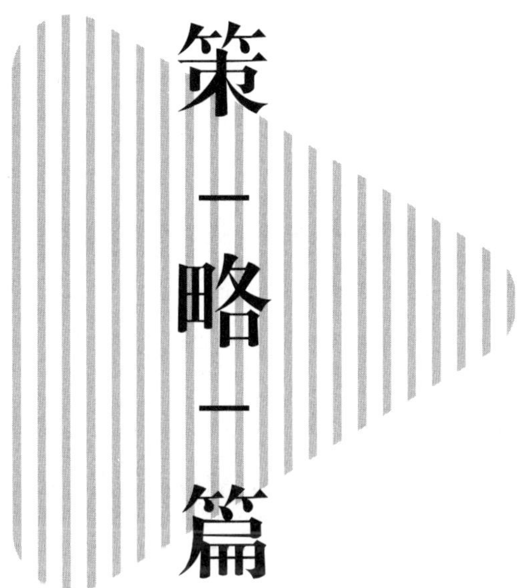

品牌，驱动口碑传播的三大策略

早在20世纪40年代，美国著名心理学家——亚伯拉罕·哈罗德·马斯洛在《人类激励理论》论文中提出马斯洛需求层次理论，将人类需求像阶梯一样从低到高按层次分为五种，分别是生理需求、安全需求、社交需求、尊重需求和自我实现需求。

消费升级中的新型消费者，显然不再满足于商品为其带来理性层面的生理需求。今天大部分行业的经营者，同样也不能再仅以商品的技术、功能、功效、价格等基本价值在市场中取得优秀成绩，他们更多是通过品牌的创造，满足人们在安全、社交、尊重、自我实现等感性层面的精神需求，唤起人们的共鸣，赢得人们认可、拥护，提升商品的附加价值，取得商业经营中的卓越成就。

因此，在本章节所阐述的“驱动口碑传播的三大策略”中，我将与你进一步探索和思考，品牌如何唤起人们共鸣，驱动人们主动拥护和传播，减少品牌创造成本的策略和方法。

第一节
“1+0.1”的迭代式创新方法

随着互联网技术的发展，人们消费理念、能力升级带来商业环境变革。这些年，难免耳闻一些企业经营者抱怨“实体企业不行了”“制造型企业不行了”。在我看来，却恰恰相反，时下的商业环境，可能是制造业与实体企业“最好”的时代。

但这个“最好”的时代，却不属于所有的实体企业，更不属于一些舍本逐末，盲目追求创新、转型的制造业，而是属于懂得运用“1+0.1”的迭代式创新方法，能够抓住商业的本质，生产满足于新型消费者的商品，并能与时俱进地创新营销思维、方法的新型实体企业。理解“1+0.1”的迭代式创新方法之前，我们应该先思考使人们对一个品牌、事物产生“共鸣”与“认可”的基本因素。

一、唤起人们“共鸣”与“认可”的基本因素

人们购买一件商品，或与企业产生一次合作的因素、动机可能有很多。归根到底，其核心主要有两点：一为商品的技术、功能、功效、价格等因素，这些也被称为商品的基本价值，人们往往通过理性的一面，对其进行分析与确认；二为该商品所具有的品牌知名度和影响力，品牌的风格、气质、涵养、性格、思

想、理念、环境、体验、服务等因素，这些也被称为商品的附加价值，人们通常以感性的一面，对其产生感知和认可。

共鸣，实际上是一种认同或赞同的价值取向。人们不会对否认、抗拒，或普通、庸俗的事物产生共鸣。当你提供的只是普通商品、服务时，人们不会产生共鸣；当人们只是为你的商品功能、价格等理性因素买单时，人们不会产生共鸣。长期低价竞争或打折促销，人们虽然已经和你产生购买、合作关系，但其内心不一定对你产生信任和认可，甚至带着一份否定和怀疑的态度。

一个餐厅，从店面招牌、餐桌椅凳、装修环境，到餐碟、汤匙、茶杯、牙签，到服务人员的着装、言语、行为，再到菜品的口感、味道，上菜的流程等，每一个细节都很重要。服务人员是否消极怠慢，牙签是否一剔就断，上菜是否延时等因素，都可能决定能否唤起人们的认同和共鸣，乃至再次光临和分享于他人。

当茶叶被装进普通的塑料袋，放进杯子时，人们喝茶可能是为了止渴、清脂，或者品尝一种味道。此时人们可能选择张三、李四家的茶叶，通过理性分析可以用公式计算的所谓“性价比”进行选择。但当茶叶被装进精美的包装，安放于幽致的茶室，置入典雅的茶具，还有专业的泡茶师，一边沏泡一边聊着这片茶叶的故事时，人们可能是在品赏这片茶叶的韵味，品赏这份感觉。这时人们可能强烈指定张三或李四家的茶叶。

美好的事物、极致的细节，往往唤起人们的共鸣和传播。

很多时候，我们抱怨人们舍不得花钱，不懂欣赏和品味；抱怨消费者没有忠诚度，没有诚信和契约精神；抱怨自己的用户群体质量太低、素质太差。殊不知“同频共振，同质相吸”的人性法则，你所做的一切都只会招引“同频”的人和事。与其抱怨别人的不足，不如反思自己做了什么，引来你不想要的人和事。

一个品牌，从思想、性格、精神、文化等经营理念，到商标、色彩、字体、图像、风格等视觉形象，到网站、PPT、海报、包装、画册、广告片、折页、名片等应用物料，再到广告用语、推广软文、推广活动中的每一个细节体验，都决定了其能否唤起人们的认同和共鸣。

一个商品，从物流纸箱、包装形式、包装材质、包装视觉，到购买流程、服务言语、运输方式，再到打开的第一印象、内包形式、商品外形、商品视觉、配套用品、使用说明、后续服务等每一个细节，都可能引起人们内心不一样的体验和感受，也几乎决定该商品能否唤起人们的认同和共鸣，乃至再次购买或是推荐于他人。

因此，在品牌经营中上至一部宣传广告片的脚本、逻辑、版面、构图、配词、配乐、配色等每一个细节，下至一篇推广软文的标题、用词、字体、颜色、间距、标点，一个商品的外形、包装的材质、形式、视觉、色彩、字体、工艺、印刷效果，甚至是一张名片的版面、字体、间距、材质、工艺等每一个细节，都必须尽可能给予人们极致的体验，以此得到人们“第一感觉”与直观的认可。

优质的消费群体，良好的销售利润，是聚焦的结果，是深耕细作的结果；是聚焦于一个圈层、领域，聚焦于一个品牌，以工匠般的精神与态度，将每个细节打造至极致的结果；是用心满足人们情感关怀、社会尊重、自我实现等精神需求的结果。你所努力的每一个细节，可能无法被明显看见和区分，但一定会被感知，一定会让人们产生优越感和认同感，一定会赢得共鸣。

二、找到适合你的基础“1”

我时常说营销是企业的命脉。中国市场中商品那么多，只有掌握了品牌创造与营销方法，才可在商业中取得非凡成就。为此，我不断学习、探索、实践各种营销方法。但在今天我蓦然顿悟，再优秀的营销方法，没有过人的商品支撑，通常也只能给企业带来一时兴盛。

前些年全球金融危机，德国因过度依赖制造业，不能很好地发展金融、服务产业而受到他人的批评和嘲笑。然自金融危机爆发后，人们的看法几乎完全扭转了。以至于美国着重提出再工业化，英国、法国等国家也一再加强本国的制造能力，重新回归实体经济，以此获得可持续增长的战略模式。

中国发展现代市场经济的步伐落后于发达国家，导致中国企业中难免出现一些模仿、抄袭他人的现象，以致被贴上“山寨大国”的标签。但随着商业的发展与全球化的进程，创新必然是企业得以持续发展和取得成功的核心命题。

为此，随着“大众创业，万众创新”浪潮的掀起，在不同行业、领域，我们可以看到市场中大体呈现这么两种不同的现象。一种为“害怕”创新，抱怨时下的商业环境中模仿、抄袭者太多，投入高额的创新成本后，却可能在为他人作嫁衣，仍然依靠模仿他人 80% 的品质，以低价和微利为主要的生存、竞争策略；另一种为“盲目”创新，各种“超前”“颠覆”的商业模式、营销概念的创新，导致不少经营者舍本逐末、盲目追随。

“害怕”创新，固然不是企业得以发展的有效状态。市场，在人与人的交易之间形成。有交易的地方就有利益，有利益的地方就必然有竞争。大至国家与国家之间，小至菜市场中的摊位与摊位之间，都必然存在不同的竞争。我从不否认“革命”性、“颠覆”性，从 0 到 1 的创新。但企业却不能够盲目、冒险地追求从 0 到 1 的“颠覆性”创新，而更应该懂得“1+0.1”的迭代式创新方法，从而与时俱进提升企业的竞争能力。

“1+0.1”的迭代式创新方法，不是从 0 到 1 的颠覆，而是基于传统事物与新兴事物之间的组合、迭代、创新。“1+0.1”中的“1”，可以是一个商品、服务，也可以是一种营销方法，它通常相对于传统，且能够得到一定人群的认知和认可；“1+0.1”的“0.1”，是企业在经营中，不断优化、迭代、创新的基数，是与时俱进的技术、方法、消费需求等因素。

事实上，今天的创新、创造，绝大部分都是在前人的基础和经验之上的微创新、组合式创新，或者说是迭代式创新。比如：我们可以准确说出印刷术、火药、电、蒸汽机、飞机的发明创造者，却很难说出空调、电视、冰箱、洗衣机、智能手机的发明创造者。这些发明创造是在前人的基础上进行的组合、创作，并非完全创造。甚至在大部分领域，它们也不再是创作之初的样子，而是在后人的一次次迭代式创新中，改变了它们原有的功能和形态。

如伟大的企业经营者史蒂夫·乔布斯，其研发、创造改变了手机行业，甚至改变人们生活方式的 iPhone 手机，但这同样不是从 0 到 1 的“颠覆”性创新。第一代 iPhone 手机，主要是将传统的移动电话、原有的 iPod（一种多媒体播放器）与网络通信工具组合为一体，同时对手机的键盘、触控笔、系统、软件、界面等进行了优化创新，以至于带来革命性的成功。

如一双筷子，加刻上百家姓后，成了亲友之间相送的礼品；一瓶白酒，加上个性的包装，成了青春活力的“江小白”；一杯咖啡，加上舒适的环境，成了让人们放松、享受的星巴克；一台 iPhone，加上视网膜屏幕（苹果公司在 iPhone 4 发布会上提出的营销术语），其销量与利润倍增；一个便利店，加上人工智能，也可能成了无收银员的“无人商店”。

以上所举，只是这些品牌、商品中较为明显的特征。事实上，每一个优秀的品牌、商品，通常都是基于不同领域的多种形式的叠加、组合。组合的形式，可能是一种功能、技术、概念、模式，也可能是一种营销方式、服务体验。在叠加、组合中，不断迭代、优化，从而成为不同于其他、优于其他的全新事物。

伴随市场的发展步伐，与时俱进地完善商业模式、营销方法固然没错。但与此同时，我们更应该谨记，商业的本质是为人们创造有效价值，解决人们的痛点、难点，与时俱进地满足人们在某个方面的有效需求。与其说我们是在经营企业，不如说我们是在经营粉丝、用户，为他们提供“匠心”商品和“走心”服务，同时换取对等的价值与利润。

无论时代如何变迁，科技如何发展，“1+0.1”中的“1”都是一个企业得以发展的本质。在百度的搜索引擎中，在腾讯ＱＱ、微信、新浪微博等社交媒体中，在线上的天猫、京东、苏宁易购、唯品会、亚马逊等商城中，在线下的沃尔玛、家乐福、7-ELEVEn、美宜佳等实体店铺以及阿里、京东的无人商店中，同样需要为人们创造有效价值，满足消费者需求，推出具有品牌影响力与销售竞争力的优秀商品。

如在第一篇所阐述的运用互联网、新媒体创造卓越品牌的新型实体企业中，江小白基于传统的白酒行业，小米基于大众所知的手机行业，褚橙基于传统的水果行业，海底捞基于传统的火锅行业，韩都衣舍基于传统的服装行业，膜法世家基于传统的面膜领域，野兽派基于传统的鲜花配送。它们在创立之初所选择的商品，并未“颠覆”性地改变了什么。它们之所以能在众多竞争对手中脱颖而出，核心同样在于不断地迭代式创新商品品质、服务与营销方法，从而满足人们的有效需求。

如我们熟知的调味品品牌“老干妈”，它似乎跟我们所说的众筹、生态链、区块链、新零售等模式没有太多关系，更没有一些“颠覆”性的概念。它只是实实在在地把一瓶瓶辣椒酱做好、做精，研发消费者喜欢的辣椒酱，创新、创造不同口味的辣椒酱和菜谱搭配；认认真真把控从原材料到成品每一道工艺，用真情感动员工，用诚信换得市场的认可。今天，“老干妈”的身影遍布亚洲、北美洲、欧洲……年度销售额突破 45 亿元，品牌价值高达 160.59 亿元。

所以，我们在商业经营中的创新，并非盲目地追求“颠覆”性，我们要把自己的本质，作为创新、创造的基础。

这个基础“1”，首先要有一定的市场认知和需求，而非完全的空白市场，同时又存在一定的商业机会。对于完全空白的市场，或者过早迈入一个空白的市场，前期对市场的培育成本通常是非常巨大的，且可能换来颗粒无收的结果。如苹果公司早在 1993 年便发布了第一款平板电脑，但因受限于当时的技术、成本，以及人们的使用习惯等因素而失败。直至2010年再次发布迭代性创新的平板电脑时，才得到人们的广泛使用和追捧。时至今日，如果想进入平板电脑领域，没有一定的资本支撑和研发能力，估计很难再有较大的发展空间。

其次，要看这个基础“1”是否适合你。在这个未被市场满足，又存在一定商业机会的基础“1”中，你要具有比别人更充足的资源、资金、经验、方法，又或者是持之以恒的工匠精神，通过不断迭代、创新，做得能比别人更好、更极致，而非模仿、抄袭他人的 80%。

三、用工匠精神打磨你的“0.1”

创新，首先基于精神和观念上的创新。只有具备一定的魄力，能够拒绝商业环境中的浮躁与膨胀，以工匠般的精神，持之以恒地做好一件事，不断雕琢、打磨商品中的每一个细节，完善品牌创造与服务环节的每一个细节，才能更好地构建自身的商业壁垒，更好地唤起人们的共鸣与认可。

“1+0.1”的迭代式创新方法，不一定是做加法，更多时候可能是做减法和优化，是将别人做得不够好的部分优化得更好。通常来说，“1”代表基础、本质，“0.1”代表企业经营中商品、服务、品牌、形象、文案、营销、管理等各个环节中不断打磨的每个细节。“1+0.1”，也不是只加一次“0.1”，而是多次“0.1”叠加，不断迭代的结果。迭代的频率可能是每月、每周，也可能是每天。

担心别人抄袭、模仿，只能说明自己做得不够好。市场就那么大，互联网又加剧了它的透明化，任何一个有市场需求的商品或可行的营销方法，在“大众创业，万众创新”的浪潮中，都可能引来大批的模仿者和竞争者，关键看谁做得好。我们要做的不是害怕、逃避创新，而是勇敢地拥抱创新，用工匠般的精神，持之以恒地迭代、创新，以此拉开与你的模仿者、竞争对手之间的距离。

如中国最大的互联网综合服务提供商之一腾讯，一些创业者曾认为它依靠“模仿”与“抄袭”取胜，对此我却持有完全相反的观点。腾讯，只是依靠“模仿”与“抄袭”，可以成为今天市值达2万亿元的卓越企业吗？腾讯在成长过程中，难道就没有遇上比自己更具实力的模仿者和竞争者吗？

众所周知，腾讯原本的核心商品QQ，在创立之初曾借鉴ICQ。据吴晓波老师的《腾讯传》一书所述，与腾讯先后经营类似于ICQ即时通信工具的企业，上规模的就有30多家，包括网易、新浪、搜狐、百度、雅虎、中国移动、国际巨头微软，这些企业的实力在当时都可能远超于腾讯。再到后来的51游戏社区，与腾讯展开贴身肉搏式的白热化竞争，其在高峰期的注册用户超过2亿，成为仅次于腾讯QQ的社交软件。

为什么在这些激烈的竞争中获胜者是腾讯，而不是别人呢？以“模仿”与“抄袭”看待腾讯今天的成就，显然是站不住脚的。

ICQ，只能说是腾讯找到的基础“1”，真正让腾讯取得成功的，更多是其在后续经营中不断叠加、迭代、创新的“0.1”。腾讯的成功源于将 QQ 聊天数据从电脑端转移到服务器端的创新；源于后续对 QQ 的断点传输、语音、群聊、截屏、远程协助、支付等功能的创新和版本的迭代；源于腾讯后期对 QQ 秀、QQ 宠物、QQ 空间、QQ 邮箱、QQ 游戏等商品的开发与创新，从而提升用户黏度和加固商业的壁垒；源于腾讯创始人马化腾这个“邮件狂人”与他团队的工匠精神，他们追求“白痴级”的极致用户体验，挑剔和优化每一个界面的字体、大小、间距、颜色等细节。

在互联网行业中，为实现商品在市场中的快速突破，不允许等待商品研发足够完美时再推向市场，往往是在推向市场后，坚持每天发现、修正问题，快速更新迭代，使其走向完美。因互联网行业商品的虚拟性，以及基于大数据的反馈机制的快捷性，经营者大部分遵循腾讯创始人马化腾所提出的“小步快跑，快速迭代”商品开发理念。但对于实体制造业，我们可以将其适当调整为“小步试错，裂变前行”的商品开发理念。

对于实体商品的创新、创造，我们既不能闭门造车，以为通过自己的摸索和创造，可以生产“理所当然”的畅销商品；亦不能将雏形阶段的商品，大规模投入生产和推向市场；但可以通过小范围不断试错、迭代创新。在小范围、小圈层中，与消费者直接交流，得到有效的反馈信息，对商品进行优化、迭代，直至该商品得到人们由衷认可，人们会主动分享、传播，这个时候才是企业加快步伐，大规模投入生产和推向市场的时候。

商品，犹如企业的基因。一个能够得到人们的由衷认可和主动分享，自带营销能力的基因，往往亦能在市场营销中，为企业带来更好的增长和收益，甚至是裂变式、几何式的发展和增长。而未经市场有效检验的商品，在实体制造业中，推广得越快、越广，通常都可能输得越“惨”。

企业之所以取得成功，往往不在于具有“超前”与“颠覆”性的想法，而在于能够打造别人看得见，却难以模仿和超越，或者说短时间内难以模仿和超越的核心竞争力。这种核心竞争力，往往亦是企业秉持工匠般的精神，不断地雕琢、打磨、迭代、创新，完善商品品质、服务环节、营销方法等每一个细节，所构建的拉开与竞争对手之间的距离的自身商业壁垒。

在企业经营中，过早迈入一个空白领域，盲目追求“颠覆”式创新，犹如冒险性的“赌博”。“1+0.1”的迭代式创新方法，是企业在经营中，得以稳中求进，保持基业长青的有效方法。在这个信息高度透明、智商过剩的商业时代，对于大部分企业而言，商品技术与营销方法，可能获得一时的领先，却勿奢望找到一个既有一定市场需求，又完全没有模仿者和竞争对手的空白市场。做好一个工匠，你才可能创造别人难以模仿的商品，才可能用相同的营销方法，得到优于他人的执行效果。

商业，始终在协作中收获最大的利益。对于比我们拥有更多资源和资金的竞争对手，我们同样无须害怕他们的模仿与抄袭。只要我们在某个领域有足够的优势，他们同样需要我们的经验与能力。如近年来，阿里巴巴参股的恒大足球、恒生电子、魅族科技、盒马鲜生，腾讯参股的四维图新、擎天柱、永辉超市、快手 app，百度参股的爱奇艺、智课教育、链家、携程等企业，它们亦是因为在一个领域中做得足够优秀，才引来可能成为他们强大“竞争对手”的大企业的投资与加入。

短暂的成功，可能是偶然的结果；长时间的持续成功，必然是匠心经营、遵循商业本质，为人们创造有效价值的结果。亚马逊首席执行官杰夫·贝佐斯在回应记者问题时答道：“我非常频繁被问到这样的问题：‘在未来 10 年里将会发生什么变化？’却几乎从来没有被问过相反的问题：‘在未来十年中什么不会发生变化？’而实际上第二个问题更重要。”抓住商业本质中的基础“1”，并与时俱进地不断打磨、优化、创新、迭代，叠加“0.1”，尽可能将企业经营中的商品、服务、品牌、形象、文案、营销、管理等每一个细节做到极致，才能让企业更好地拉开与竞争对手之间的距离，构建自身的核心竞争力。

如果说工匠精神，是企业在创新、创造中，将商品品质、营销方法做到极致的优秀理念，那么，“1+0.1”的迭代式创新方法，便是将工匠精神执行、贯彻于企业创新、创造中，把商品品质、营销方法、服务体系做到极致的可行方法。美好的事物、极致的细节，虽然不是驱动品牌口碑传播的全部，但它却是一个品牌与商品能够让人们产生共鸣与认可，甚至是主动拥护和口碑传播的基本因素。

第二节
“符号化的代言物”创作策略

品牌，之所以不易于被人们简单、清晰地认知和准确描述，在很大程度上，是因为关于品牌的定义太多，与品牌相关的事物太多。它既有广义层面，抽象化、特有化、能识别，给企业带来溢价、产生增值的无形资产概念定义；亦有狭义层面，通过对理念、行为、形象在企业内部与外部进行标准化、规则化执行，使之具备特有性、价值性、长期性、认知性的识别系统定义；同时，亦有用于和其他竞争者相区分的名称、术语、象征、记号或者设计及其组合等载体定义。

在“简单”“具体”的原则与技巧章节中，我们已然获悉，品牌这个“复杂”“抽象”的事物，需要转化为简单、具体的文字、视觉、数字、素材、图形、言语等形式，才能让人们更快速地认知、认可品牌，使品牌得到普及性的传播与执行。因此，如果懂得将品牌这一“抽象”“复杂”的事物创造，视为“符号化的代言物”创造，亦可以让品牌更容易得到人们的主动拥护和口碑传播。

一、人们为何主动拥护和传播

在前面的章节中，我们聊到了共鸣，聊到了当下乃至未来，优秀品牌的创造往往不再是通过单向传播，将品牌信息强势灌输于人们的心智，而更多是通过驱动人们主动拥护和口碑传播。那么，在没有直接经济利益的前提下，人们凭什么主动地拥护你和传播口碑？人们又真的只是在拥护你吗？

被称为“20 世纪最伟大的心灵导师”的美国著名成人教育家、心理学家戴尔•卡耐基曾经说：“每个人都应该庆幸自己是世上独一无二的，应该把自己的禀赋发挥出来。”体现个性、追求自我，几乎是每个人生存在这个世上的最高价值和意义。

所谓“个性”是一个人在思想、性格、气质、情感、态度、兴趣、爱好、信仰等方面不同于其他人的特质。人们除了有生存和物质的基本需求，还想得到他人在情感上对自己的关怀与社会上的尊重，乃至希望自己的某种个性、思想、气质、能力，又或者是其他层面，能够得到他人的认同，甚至是驱动他人的跟随。社会，也总是在人们追求自我、体现自我价值的过程中，得以进步。

自我实现，在马斯洛需求理论中被列为人们最高层次的需求。自我实现的需求，不只是出现于物质丰富的当代社会，它是人类与生俱来、特有的心理特质，从石器时代，人们对狩猎与采集工具的创新、创造；到奴隶社会，人们对强制劳动的抵抗；再到封建社会，人们为了追求人身自由与精神信仰，甚至不惜付出自身生命。这些充分地体现了人们追求自我的心理特质。

追求自我，不等同于自私。多少年来，“人不为己，天诛地灭”被人们曲解为一个人如果不为自己着想，将招到“天地诛杀”。然它本为“人不为（wéi）己”，而非“人不为（wèi）己”，“为”是“修为和修养”。笔者对此解读为：“一个人如果不注重自己的修为、修养，很难在天地间立足。”

自我，亦不等同于“自以为是”。过于自以为是的表现，固然会受到人们的厌恶和排斥。但失去自我，却注定默默无闻，随波逐流，以致自己不知道为什么而活着。每个人生存在这个世上的价值与意义，都必然会有对自我实现的追求，或物质、精神、信仰层面的目标和理想。

然而，理想是美好的，现实却总是残酷的。人们在追求自我、体现个性的过程中，却总是事与愿违。人们想去环游世界，却不得不面对现实的工作与生活压力；人们追求理想中的白马王子，却遇见忘本负义的“陈世美”；人们希望成为英雄救美中的“英雄”，不想却成了那个“歹徒”；人们不想加班，却无法抗拒领导的要求；人们追求美食，却无法阻止身体肥胖；人们不想变老，却阻止不了身体机能的衰退；人们追求优于他人的物质和精神生活，却不得不付出加倍的艰辛和汗水……

人们想要坚持自我，却被他人视为任性；人们想要体现个性，却被他人贴上“非主流”，甚至是“另类”的标签；人们追求内心的幸福，却总被他人左右；人们追求真挚的爱情，却总被他人无情拒绝；人们渴望知心挚友，友情却总被利益粉碎；人们追求时尚潮流，却总被世俗制约；人们追求艺术气质，却总被庸俗干扰……

人们想要体现个性，追求自我的理想与抱负。然迫于现实中的种种约束，人们不得不舍弃个性，舍弃自我，模仿他人，甚至随波逐流。但人们千百年来所延续、与生俱来的追求自我的特质，却一直被深埋于内心深处，当人们遇到和自己有“同一频率”的某种思想、性格、气质、兴趣、爱好、态度、信仰、思想、情感，又或者是某种事物时，内心便可能产生深度共鸣，从而形成对品牌的主动拥护和口碑传播。

因为，人们所拥护的，并非其他，而是自己内心中的自我与个性。人们所传播的，亦非其他，而是自己某种个性、思想、情绪、气质、信仰、兴趣、爱好、知识、能力，或其他层面的“代言人”“代言物”。品牌，在没有直接经济利益的前提下，想要得到人们的主动拥护与口碑传播的策略之一，同样是成为某个圈层、某“同一频率”人群心中的“代言物”。

二、人们呼唤体现自我的“代言物”

“代言”二字，出自《尚书·商书·说命上》：“恭默思道，梦帝赉予良弼，其代予言。”《史记·殷本纪》中也记载商高宗武丁继位后，想复兴商朝却苦于无得力大臣辅佐，因此借故三年不说话，将政事交由冢宰处理。当群臣建议他主持朝政时，商高宗托词说自己德行不好，所以不敢发言。而后商高宗借圣人托梦一事封傅说为宰相，让傅说代自己发言，从而构建商朝时期鼎盛的“武丁盛世”。

虽然“代言”在今天的商业世界中，多指明星为企业、品牌或商品代言，但人们在生活与工作中，无时无刻不在寻找体现自我的“代言物”，无时无刻不在为别人“代言”。互联网，变革了人们的生活方式，急剧加快了信息的增长速度与传播速度，快得让人们迷失自我，陷入迷茫和困惑。人们需要找回自我，追求自我，体现自我；需要呐喊、宣泄；需要表达自我的个性、思想、情绪、气质、信仰、兴趣、爱好、知识、能力……

当美好的理想遇上残酷的现实时，人们不得不束缚于现实，内心却又不甘于被现实束缚。而人们的个性、思想、情绪、气质、信仰、兴趣、爱好、知识、能力等，又是抽象、复杂的，以至于人们内心有爱、有追求、有理想、有幸福、有抱负、有失落、有委屈，很多时候却不懂自我组织言语向别人阐述，不知如何向别人表达。于是，人们开始寻找能够体现自己，能为自己的个性、思想、情绪、气质、信仰、兴趣、爱好、知识、能力而“代言”的人和物，或者品牌与商品。

随着移动互联网的发展，刷微博、微信朋友圈、QQ 空间、贴吧、抖音、一直播等社交平台的内容，已然成为人们生活中的习惯。这些几乎人人都可以“零成本”注册账号，发表个人观点、评论的社交媒体，成了人们体现个性、表达自我的最佳载体。在这些载体中用于体现个性、表达自我的万千内容，无非又分为两大类：一类为自己编辑、创作的，另一类则为转载的他人文章、只言片语、图片、视频、音频等内容。

那么，人们出于什么原因，主动创作内容或转载传播？大部分人认为是在于向他人“炫耀”或与他人“分享”。如炫富、炫美、炫娃、炫车、炫表、炫衣服、炫美食、炫恩爱等，各种炫耀；分享经验、分享案例、分享美食、分享路线、分享景区、分享手艺等，各种分享。在我看来，如果完全以“炫耀”或“分享”概括人们主动传播一个事物的心理动机，是远远不够的。我不否认一部分人在某些情形下，主动传播事物是出于“炫耀”或“分享”的动机。但正如人们所知，一味地“炫耀”往往让别人心生厌烦，对美好事物的主动分享，同样也不是人们的常态动机。

很多时候，人们在微博、微信朋友圈、QQ 空间、贴吧、抖音、一直播等社交媒体中，发表自己对某个人、事物的观点、立场，发表自己的生活、工作动态，转载他人的文章、只言片语、图片、视频、音频，转载一篇诗歌、一首人们熟悉的乐曲，其核心的心理动机，往往并不在于炫耀，亦不在于分享，而在于体现自我、表达自我，让别人了解自己。一个人，一件事，一个品牌、商品，想要获得他人主动创作的内容或转载相关的内容进行传播，同样在于其能够为人们的某种个性、思想、情绪、气质、信仰、兴趣、爱好、知识、能力“代言”，成为体现人们自我与个性的“代言物”。

人们倾听、演唱或传播龙军的《打工行》、陈星的《流浪歌》，倾听、演唱或传播的是人们内心的思乡之情；人们倾听、演唱或传播周冰倩的《真的好想你》、张信哲的《别怕我伤心》，倾听、演唱或传播的是人们内心的相思之情；人们倾听、演唱或传播京剧、越剧、黄梅戏，倾听、演唱或传播的是人们内心对文化与艺术的品味；人们倾听、演唱或传播 TFBOYS 的《魔法城堡》、鹿晗的《微白城市》，倾听、演唱或传播的是人们对青春与潮流的追求。倾听时是感受自我，演唱或传播时是向他人表达内心中的自我。

人们携家带口进电影院观看《魔兽》，更多是向他人表达自己跟《魔兽》游戏的情感；人们观看并传播《战狼 2》，除了欣赏视觉盛宴，更多是为了感受和表达那份爱国之情与满腔热血；人们对著名作家金庸的小说万分推崇，对他笔下的郭靖、萧峰、张无忌、杨过、令狐冲等英雄人物喜爱非常，并向别人津津乐道于他们的英雄事迹，是因为书中所阐述的英雄个性、思想、气质、能力或其他，唤起人们的共鸣和向往，这些英雄人物已然成为人们理想状态中的目标对象和代言人。

人们购买手机时，不仅有通话、上网、拍照等功能层面的基本需求，还会考虑它是否满足人们精神层面的某种需求，体现人们内心想表达的某种思想。使用苹果手机，可能代表了追求时尚与身份；使用华为手机，可能代表了追求可靠与品质；使用小米手机，可能代表了追求年轻与潮流。

人们购买衣服时，不仅有保暖、舒适、透气等功能层面的基本需求，还会考虑它是否满足了人们精神层面的某种需求，体现人们内心想表达的某种思想。穿着 ZARA（飒拉）服装，可能代表了追求青春与时尚；穿着 NIKE（耐克）服装，可能代表了追求运动与品质；而穿着古驰、阿玛尼、路易威登等品牌服装，可能代表了追求身份与品位。

今天人们对于饮食，同样不仅停在能否吃饱的基本需求层面，人们还在乎是否吃好，甚至吃什么，这也同样体现了人们内心想表达的某种思想。去星巴克、左岸咖啡，可能代表了对西式生活与品位的追求；去田野农庄、乡野山庄，可能代表了对原生态生活的追求与向往；去嘉旺、真功夫，可能代表了追求卫生与营养；食用五谷杂粮、有机食品，可能代表了追求养生与品位。

总而言之，今天在满足吃、穿、住、行等方方面面的需求时，人们除了理性关注、分析该商品的技术、功能、功效、价格等基础因素，更在乎它是否满足了自己精神层面的某种需求，能否代表自己的某种个性、思想、情绪、气质、性格、信仰、兴趣、爱好、知识、能力，又或者是一种生活方式；更在乎它是否能够代自己“发言”，无须自己开口，别人只要知道自己在衣、食、住、行等方面所使用的品牌、商品，已然能够理解自己的个性、思想、气质、能力、信仰、兴趣、爱好，或者是身份与品位。当然，这不仅限于个人，企业与团体同样如此。

体现个性，追求自我，不是“80 后”“90 后”独有的特质，也不是新型消费者独有的标签，只是当下在他们身上体现得更为明显。近年来，蓬勃发展的二次元文化，更充分地说明了人们呼唤体现自我与个性的“代言人”和“代言物”。

二次元文化，来自日本，亦指人类幻想出来的虚拟世界，二次元爱好者把现实世界称为“三次元世界”。在日本经济得到发展和人们生活富足后，现实中的精神文化却无法很好地为人们提供表达方式，日本人只得将表达方式嫁接于虚拟文化。他们把动画、漫画、游戏、小说等虚拟世界的偶像搬到现实生活中，自己扮演喜爱的虚拟人物，以此表达内心中的自我与个性。

为此，有人称“80 后”“90 后”不喜欢被“虐”，但喜欢找“虐”。是的，今天的人和物，品牌与商品，亦只有代表人们某种个性、思想、情绪、气质、信仰、兴趣、爱好、知识、能力，又或者是一种生活方式，才能更好地唤起人们的共鸣与认可，驱动人们主动拥护与传播。反之，都可能被人们拒绝于“心门”之外。

人们喜欢表达与众不同的自我和个性，更害怕被别人孤立与排斥，害怕被时代淘汰与抛弃。很多时候，为了表达自己与时俱进的个性、思想、情绪、气质、信仰、兴趣、爱好、知识、能力等方面，尽管需要付出一定的努力与代价，人们也将尽一切可能，追求能代自己“发言”的人和物、品牌与商品。

人们花几百、数千元，购买明星歌手的演唱会门票，除了欣赏偶像的演艺和感受现场气氛，目的亦在于拍照片，发微博、微信朋友圈，以此体现自己对生活的追求和品位；人们不远万里，远赴南非、巴西观看世界杯，除了近距离欣赏足球明星的精彩球技，目的亦在于拍照片，发微博、微信朋友圈，以此体现自己的兴趣和爱好；人们排队数小时购买喜茶、鲍师傅、LADY M，除了因为它们的特色与美味，亦有人是为了拍照片，发微博、微信朋友圈，以此体现自己对潮流的追求与品位；人们支付高利息借款购买苹果手机，梅赛德斯 - 奔驰、宝马汽车，除了追求它们的功能与品质，目的更在于体现自己的身份和品位；人们跟风转发热点事件，同样是为了体现自己的不“落伍”和与时俱进。

在这个束缚人的现实世界里，人们追求自我，想要表达个性，却基于它们的抽象性与复杂性，不懂得如何组织言语向别人表达。人们只有寻找能够为自己的个性、思想、情绪、气质、信仰、兴趣、爱好、知识、能力、生活方式“代言”的人和事、品牌与商品。在商业经营中，我们除了要为人们提供“匠心”商品和“走心”服务，更要创造能为人们在某一方面“代言”的品牌。以此代人们“发言”，驱动人们主动转发与传播。

三、创造品牌，即为创造“符号化的代言物”

人们呼唤体现自我的代言人、代言物。但人们心中的所思所想，却是抽象的。创造一个品牌并使之成为代人们的个性、思想、情绪、气质、信仰、兴趣、爱好、知识、能力等某个层面“发言”的“代言物”，除了要将其转化为简单、具体的文字、视觉、数字、素材、图形、言语等形式，亦需要懂得运用“符号”的力量，将品牌创造为“符号化的代言物”，以此得到人们更好的认知与记忆。

“符号”，是人类最古老的记事文字。相传中华民族的人文始祖、三皇之一伏羲在画八卦时，创造第一个字“一”。一画开天，画出天地乾坤，以最简单的图形符号形象地表达了宇宙的至理，结束了“结绳记事”的历史。伏羲在八卦图中，以简单的符号代表“乾（天）、坤（地）、震（雷）、巽（风）、坎（水）、离（火）、艮（山）、兑（泽）”八种事物与自然现象。埃及、赫梯、苏美尔、古印度以及中国古代的象形文字，同样以原始社会的图画、花纹等创作出来，以简单、具象、易识别、易记忆的符号演变而来。

狭义层面的符号一般指图形、语言、文字、数学符号、化学符号等。而广义层面的符号，所含范围要广泛得多，如仪式、行为、动作、艺术等，包括人们的触觉、嗅觉、味觉、听觉和视觉五大感官能够感知和认知的层面。“符号”犹如一个人或一个事物的标记、记号，让人们方便识别和记忆。

“符号”，不是某个人或某个企业的独有产物。它是一个社会或一个圈层成员，共同约定用来表达某种意义的标记或记号。“符号”，也不是一朝一夕可以诞生的产物。它的形成必然有一定时间的沉淀，以及一定人群的参与。甚至经过数千年的时间沉淀，以及社会全员的参与。但它却可能需要贯穿于品牌的每个角落。

优秀的符号，同样是源于人们日常生活之中的具体事物；是通过简单描述，就可能让人们的脑海中出现准确画面的事物，是一个三年级的小学生都可能一眼认知，懂得它们所代表的寓意的事物。而非需要人们揣摩它深奥寓意的事物。例如加、减、乘、除等数学符号，逗号、问号、感叹号等标点符号，心形、箭头、方形、圆形等图形符号，太阳、月亮、星星、彩虹、闪电等大自然符号，手机上的开机、接电话、挂电话等按键符号，交通道路上的红灯、绿灯、黄灯、直行、转弯等信号符号，苹果、香蕉、葡萄、草莓等水果符号，花、草、树木等植物符号，鸡、鸭、牛、羊、龙、虎、兔等动物符号，茶壶、茶杯、手电筒、沙发、桌椅等生活用品符号。

一种水果，如果介绍它为“滔婆”“超凡子”时，人们不知所云。但将其换为人们熟知的称谓“苹果”时，幼儿园的小朋友都能够马上理解。

一栋建筑物，如果你直接介绍为深圳国贸大厦，很多人不知所云。但如果你懂得将其介绍为 20 世纪 80 年代中国的第一高楼，必然勾起了人们对它的兴趣和记忆。

一个人名，如我的笔名“余犇”。如果直接介绍，可能很多人连“犇”字都不认识，但如果换一种介绍方式，比如记住三个“牛”字就可以，很快能给人们留下印象。事实上，在我的朋友圈中，很多人不认识“犇”字，却大部分能记得我的名字有“三个牛”。这也是人们在自我介绍时总是要引用别人已熟知的事物的原因。

任何陌生的事物，都应该尽可能引用人们熟知的事物、符号进行关联和体现，以此得到人们更深刻的认知和记忆。品牌，以及品牌的思想、文化、价值观、经营理念、行业属性等抽象、复杂的事物，在转化为某个圈层人群内心的“代言物”时，同样需要引用人们熟知的“符号”进行关联和体现，从而成为既能代人们的个性、思想、情绪、气质、信仰、兴趣、爱好、知识、能力等某个层面“发言”的“代言物”，又能够得到人们的快速认知和记忆，甚至成为某个圈层、社会、民族、国家的符号，成为相关圈层与人群的“符号化代言物”。

如我中华人民共和国的五星红旗、国歌、国徽、华表、龙、大熊猫、牡丹、梅花、书法、中国结、红灯笼、水墨画、中秋节、端午节、天安门、长江、黄河、长城、唐装、象棋、24 字社会主义核心价值观等，已然成为人们熟知的“符号化代言物”，以统一的思想、文化代表了中华人民共和国的特色和形象，被人们拥护和爱戴，被人们引以为荣，被世界人民认知、认可。

如佛家的寺庙、金黄色、木鱼、袈裟、禅杖、宝伞、莲花、佛珠、佛台、佛钟、佛经、佛曲、三皈五戒等，也已然成为佛家信徒们熟知的“符号化代言物”，以统一的思想、文化代表了佛家的特色和形象，被人们传播与传承。

“符号化的代言物”，可能是一个点，也可能是一个系统。品牌创造，更多是系统性的创造。它由品牌的商标、名称、颜色、字体、图形、卡通形象、核心文案、品牌故事、终端卖场、商品、包装等品牌根基部分组成，也贯彻于品牌的官方网站、宣传片、宣传册、宣传海报、PPT幻灯片等品牌工具之中，以统一的定位、思想、形象进行呈现和传播。

如麦当劳的金色拱门、肯德基的红色招牌、三只松鼠的卡通形象、红牛的“困了累了喝红牛”广告语、可口可乐“神秘配方”的品牌故事、星巴克舒适的环境体验、苹果的商品品质、江小白的包装，同样成为一定圈层人群熟知的“符号化代言物”。

这些“符号化的代言物”，它们既是一个点，又是品牌系统中的一个部分。以统一的定位、思想、形象呈现和传播，与品牌中其他点构建成为一个系统化的“符号化代言物”。在得到人们快速认知和记忆的同时，驱动人们主动拥护和口碑传播，减少品牌的传播成本和高效积累品牌价值。

第三节
人格化的明星 IP 创作方法

人类从远古时期开始，便喜欢群居而生，以此抵抗自然灾害和其他生物的侵袭。我们对自己身边的亲人、朋友容易产生信任与认可。对某个与自己的思想、价值观、兴趣、爱好相符之人；或是某个友好、善良、平易近人之人；或是在某方面能力出众、学识渊博，让自己钦佩之人；或是在社会某个领域有一定影响力之人，也容易产生信任与认可。同时，也对自己原本信任、认可之人，所推荐的人与事物，容易产生信任与认可。

我们在生活、工作中，往往喜欢关注自己认可、钦佩、喜爱的圈层人群动态，对他们所阐述的话题产生兴趣，参与互动和传播；对他们推荐的事物、商品，产生信任与认可，甚至是购买、合作。而当自己有某项需求时，也往往通过自己的微信朋友圈，身边的亲人、朋友，或是在某个自己信任的圈层之中，主动寻找相关的供应商、合作伙伴，从而减小消费风险，增强所选购商品与服务的确定性。

事实上，随着商品同质化的日趋严重，人们对“冰冷”的商品已经很难再产生兴趣和购买欲望；在互联网影响下，各种商业信息高速增长，人们对一个商品的优劣、真假更是难于辨别。“先做人，再做事”，先认可人，再对其所经营的品牌、商品产生认可。创作人格化的明星 IP，以人格、人品，驱动人们主动拥护品牌、口碑传播，带动品牌成长与商品销售。这一个历经千年的古老方法，再一次成为当下乃至未来，企业在品牌创造过程中减少传播成本和高效积累品牌价值的重要方法。

一、传统商业中的明星 IP

在第一篇中，我们已对“IP”和“明星 IP”进行一定的诠释。在过往的商业世界里，有中国的刘家针铺、时大彬紫砂、江千里螺钿、黄应光版刻、陈李济药铺、狗不理包子、震远同食品、王致和腐乳、馄饨侯馄饨、王老吉凉茶、张小泉剪刀、张裕葡萄酒等品牌（商号），还有美国、日本、英国、法国、德国等走在品牌前沿的发达国家的路易威登、范思哲、阿玛尼，丰田、福特、波音、飞利浦、迪士尼、爱立信、法拉利、米其林、倍耐力、西门子、沃尔玛、阿迪达斯等品牌，我们可以发现大量以个人的名字或姓氏作为品牌名称，以个人的人格与人品为担保，从而带动品牌成长和商品销售的商业案例。

在今天的商业经营中，我们同样可以看到大量以个人的人格与人品，带动品牌成长和商品销售的案例。如阿里巴巴的马云、腾讯的马化腾、百度的李彦宏、苹果的乔布斯、小米的雷军、华为的任正非、娃哈哈的宗庆后、海尔集团的张瑞敏、老干妈的创始人陶华碧、褚橙的创始人褚时健、巨人集团的史玉柱、万科集团的王石、联想集团的柳传志等，他们既是我们熟知的商业明星，同时又以个人的人格魅力，影响和带动其所经营品牌蓬勃发展。

对此，也有不少人秉持相反观点。认为这些商业明星，或是他们原本就拥有一定的个人知名度和影响力；又或是因他们所经营企业和品牌的成功，让他们成了人们熟知的商业明星。在此，我只想让大家看到一个事实，他们的知名度和影响力并非与生俱来，而同样是在经营中不断努力积累的结果。与普通人不同的是，他们拥有更强的个人品牌积累意识，更愿意投入和付出积累自己的知名度和影响力，同时也对其所经营的品牌多一份责任与担当。

我不否认他们的知名度和影响力，与他们所经营企业与品牌的成功有直接关系，但这种关系，通常也是相互影响、相互成就的关系。无论你是否愿意相信，一个企业在创立之期，其核心创始人，通常便是该企业中最具有影响力的明星。他影响了合伙人、员工、投资人的加入，也影响了企业第一批用户的购买与合作。同样，也可能成为被一定人群认知与认可，具有一定影响力的意见领袖、明星IP，从而带动品牌的成长和商品销售。

随着互联网、新媒体的发展，以及微信公众平台提出“再小的个体，也有自己的品牌”以来，我们可以看到一个个“个体”，一个个中小企业的创始人，借助微博、微信公众号、一直播、抖音等平台，有效地提升个人影响力。如：罗辑思维的罗振宇、吴晓波频道的吴晓波老师，以及醉鹅娘、papi 酱、武志红等创始人。他们的企业，有以帮他人投放广告为主要盈利目标的，也有以销售实体商品为主要盈利目标的。但他们的相似之处，同样是借助于互联网、新媒体，有效地提升个人的魅力与影响力，带动其所经营的品牌成长和商品销售。

在过往的商业环境中，我们以个人的人格与情感，连接街坊邻里，影响某个地域人群的认知与认可。在今天的商业环境中，我们更需要懂得运用互联网、新媒体，以个人的人格、人品为企业经营的品牌、商品担保，与人们坦诚、友好地沟通，建立情感关系，连接更多、更广的人群，影响某个圈层内更多人群的认知与认可。

事实上，对于今天一个品牌、商品是否能让一个人认可与购买，广告给其带来的影响，远不如某个圈层、领域中的意见领袖、明星 IP，或身边好友的推荐和影响。因此，让企业的核心创始人成为某个圈层、领域中的意见领袖、明星 IP，成为人们信任与认可，甚至是值得依赖的朋友，从而驱动人们主动拥护品牌与口碑传播，带动品牌成长与商品销售的方法，无论过去、当下还是未来，都必然是行之有效的方法。

二、现代商业中常用的明星 IP

将企业核心创始人打造为明星 IP 的方式，虽然既能节省成本，又能有效带动品牌成长，但它通常是一个较为缓慢的过程。因此，在品牌创作中，我们往往也需要借助于歌手、演员、运动员等明星的影响力，从而高效、快速地带动品牌成长。

早在 20 世纪初，美国智威汤逊广告公司在联合利华的品牌传播中，便开始采用影视明星带动品牌成长的策略，引起市场热烈的反响和众多企业的效仿。近些年来，周杰伦代言动感地带“我的地盘听我的”、葛优代言神州行“神州行，我看行”、李玟代言好迪“大家好才是真的好”、李冰冰代言巴黎欧莱雅“你值得拥有”、杨幂代言 58 同城“一个神奇的网站”、唐国强代言蓝翔学校“挖掘机技术哪家强，中国山东找蓝翔”等明星代言案例，不仅成为人们耳熟能详的案例代表，更是大力地带动了这些优秀品牌的成长。同时，也引得诸多企业在创造品牌时追求和效仿。

但聘请明星为品牌和商品代言，带动品牌成长与商品销售的举措，却并非总是那么成功的。在商业经营中，我们可以看到不少企业投入高额的资金聘请明星后，因所聘请的明星个人的不良行为，加上互联网、社交媒体对负面消息的加速传播，致使企业遭受不同程度的负面影响。同时，我们也可以看到，企业因盲目追求明星效应，过度仰慕明星的光环和影响力，又因自身资金的预算受限，或投入魄力的不足，未能正确审视明星对品牌的帮助和作用，陷入“为请而请”的误区，为企业带来不必要损失和浪费的案例，同样比比皆是。

在商业广告中，我们不难发现，一些品牌的传播内容，除了品牌与商品信息，还有代言“明星”的照片，并在照片的一侧，写着这个似是“明星”，却又鲜为人知的“明星”大名。在一些商业开业、剪彩、展会等场合中，我们也不难遇见，在观看企业花费高额资金聘请的“明星”出场时，人们又不得不掏出手机，通过百度搜索进一步了解该“明星”。这些看似效仿大品牌的传播方法，为品牌聘请代言“明星”的做法，实在让人们分不清到底是“明星”带动了品牌的成长，还是企业的宣传提升了他们的名气。

企业，聘请明星带动品牌成长的做法固然没错，但其核心的作用与意义，同样是在于将品牌“人格”化。以明星的个人魅力和影响力，带动品牌的成长。因为，人们喜欢与有血、有肉、有情感、有温度的“人”联系，而不是与“冰冷”的商品联系。但当你所聘请的“明星”，连得到品牌定位人群的基本认知能力都没有，诚然更难谈起带动品牌的有效成长。

如何选择品牌的代言明星，在业内有各种不同的评估方法。在我看来，聘请明星的策略，主要有两点：其一为“符合品牌的思想、个性、价值观念，以及品牌定位人群”，能够有效地嫁接品牌的“人格”；其二为“要么不请，要么只请第一”。

美国 19 世纪第一个亿万富翁约翰·戴维森·洛克菲勒曾经说：“对我来说，第二名和最后一名没有什么区别。”因为人们只记得第一名。如人们熟知世界第一高峰是珠穆朗玛峰，世界第二高峰却鲜为人知；人们熟知第一个踏上月球的人是阿姆斯特朗，第二个是谁同样鲜为人知。

明星，我们可能很难明显区分谁为第一。这个“第一”，有两层意思，要么是广为大众所知的一线、当红明星；要么是某个地区、圈层、专业领域的第一。

正所谓，物以类聚，人以群分。企业聘请明星的目的，在于借助明星的人格魅力，强化品牌的“人格”；在于借助明星的影响力，为品牌增强信誉和背书。与一线明星在一起，人们也可能认为你是一线品牌。反之即使投入再多的广告费，也很难将品牌拉上人们心中“一线”的位置。

聘请一线明星，还有一个好处。他们之所以能够成为一线明星，同样在于他们个人的修养、行为能够得到大众的认可，以及其相关运营团队的过人能力，通常不容易出现影响较大的负面信息。

一个能带动品牌成长的明星，首先要拥有一定的知名度、影响力，拥有一定数量的“超级粉丝”。随着互联网的发展，以及人们“不看广告”的习惯形成，企业借助明星带动品牌成长的方法，也有了改变。即使聘请拥有一定知名度的明星，也不仅是依靠企业的力量投放广告传播，而是懂得借力于明星在微博、微信、贴吧、直播等平台的粉丝力量，驱动他们对品牌的主动拥护和口碑传播。

如鹿晗代言的 adidas Originals（阿迪达斯旗下的运动经典系列）品牌在一直播平台，采用倒计时直播形式，宣布鹿晗成为全新品牌形象代言人，随后鹿晗转发微博，使此次直播累计观看人次超过 2 800 万，微博转发超过 200 万次。

如在第 69 届戛纳国际电影节上，巴黎欧莱雅通过美拍直播“零时差追戛纳”系列，记录了巩俐、李冰冰、李宇春、井柏然等明星在戛纳现场的台前幕后，创下累计观看人数超过 300 万和点赞数 1.6 亿的纪录。直播 4 小时中，巴黎欧莱雅天猫旗舰店李宇春同款唇膏全部售罄。明星代言有力带动品牌成长的同时，更把流量直接转化成销量。

三、“虚拟”的人格化明星 IP 创作

聘请歌唱、影视、体育等明星，可以高效、快速带动品牌成长。然而，正如上文中阐述的观点，对于明星聘请，“要么不请，要么只请第一”。聘请一线、当红明星所需资金，对于大企业、大品牌而言，诚然不难达成。但对于大部分中小企业，似乎已然成为不可跨越的难题。

事实上，一个企业在不同的发展阶段，所采用的明星策略，往往是不尽相同的。当一个企业处于初创期，或在传播资金未得到充分准备之前，我们要做的并不是盲目学习大企业、大品牌的传播方法，勉为其难地聘请明星。而是结合实际，创造属于自己的明星 IP。比如将创始人打造为明星 IP 带动品牌成长的方法。

除此之外，我们也可以通过创作“虚拟”人物，赋予它“真实”的人格，与人们沟通、联系，通过品牌的经营、传播沉淀，让它成为具有一定影响力的明星 IP，从而带动品牌的成长和商品销售。

人格化的“虚拟”人物，一般有两种形式。一种为“虚拟”的名字，如杜蕾斯，

习惯被称为“小杜杜”；冈本，习惯被称为“冈本君”。更多是另一种“虚拟”的卡通人物。

卡通人物，不知从什么时候起，被一些设计创作者称为吉祥物。顾名思义，吉祥物往往是为人们带来吉利的寓意的一种动物形象或图形。当人们遇到困难或面对不可预知的未来时，我们需要吉祥物，将之作为象征追求幸福、向往美好的事物。因此，导致一些企业在创作卡通人物时，片面地将其视为企业的吉祥物。

一个能成为明星 IP，带动品牌成长的卡通形象，从来都不仅限于代表吉祥和美好。而是像一个真实的人，有它的诞生故事、出生地、名字、性别、星座、身高、体重，还会有它的性格、思想、价值观、兴趣、爱好、专长等一系列的属性，甚至还有它的家庭成员、朋友、“敌对”关系的人物等。它们能有血、有肉、有情感，“真实”地与人们沟通、联系。在某种意义上而言，不应该将其称作“它”，而应该称为“他”或“她”。

在传统的方法中，想把一个卡通人物创造成具有一定影响力的明星 IP，其实是不太容易的。如美国迪士尼创作的唐老鸭、米老鼠、白雪公主、小熊维尼，日本三丽鸥（Sanrio）公司创作的 Hello Kitty 凯蒂猫，吉姆·戴维斯创作的加菲猫，藤子·F·不二雄创作的机器猫、野比大雄，臼井仪人创作的蜡笔小新等是伴随一代人成长，影响全国甚至世界人民的卡通人物。它们的成长，主要通过专业要求、创作成本较高的动画连续剧、动画电影、漫画杂志、漫画单行本、游戏等平台实现。

而随着互联网、新媒体、社交媒体，以及抖音、火山等视频 app 的兴盛，卡通人物的成长方法，同样也有了更多的选择和可能性。如在微信、QQ 等社交媒体互动中，被人们频繁传播的表情包“兔斯基”“悠嘻猴”“乖巧宝宝”，在抖音 app 中，经常以各种真人扮演视频出现的“松弛熊”、以可爱形式出现的“暖小幺”、以连播图片出现的“蘑菇头”，由日本熊本县推出，授权于不同领域商品，身影遍布于日本的指示牌、自动贩卖机、出租车车身、各种零食包装，火遍各国互联网的“熊本熊”等。

在传统的方法中，要使一个卡通人物成长往往先要投入较高的创作、传播成本，使其成为一个明星 IP，再通过自我开发，或授权于第三方企业开发、生产衍生商品的方式增加收益，同时也增强它的影响力。今天要使一个卡通人物成长，却可能无须增加过多的额外成本，而是通过企业品牌传播与商品销售等经营过程，逐步成长、沉淀，成为具有一定知名度和影响力的明星 IP。

在今天的商业环境中，一个卡通人物，可以是专业机构运用专业能力和投入较高成本，通过创作动画连续剧、动画电影、漫画杂志、漫画单行本、游戏等传播方式，使其成为明星 IP。同时，也可以是企业在经营中，有效地策划、设计、创作，赋予它“真实”的人格，在品牌的官方网站、官方微博、微信公众号、PPT 幻灯片、广告宣传片、宣传册、商品外观、商品包装等品牌传播载体中，经过一定时间的沉淀，积累它的知名度和影响力。同时，也可通过表情包、小视频、手绘图片、GIF 图片、H5 小游戏等创作形式，运用互联网、新媒体、视频 app 等载体传播，进一步提升它的知名度和影响力，使其成为带动品牌成长的明星 IP。

如统一集团的“小茗同学”，江小白的“小白哥”，脑白金的“老头老太太”，不二家食品的“PEKO”“POKO”，维力食品的“张君雅小妹妹”，旺旺食品的“旺仔”，三只松鼠的“松鼠小贱”“松鼠小美”“松鼠小酷”，金霸王电池的“金霸王宾尼兔”，酷儿饮料的“酷儿”，M&M’s 巧克力豆品牌的“红豆”“黄豆”等卡通人物，它们出现在品牌的商品包装上，吸引人们购买；出现在品牌的微博、微信等社交媒体上，与人们“真实”沟通；出现在品牌的诸多传播载体上，与人们建立“情感”关系，同时积累它们的知名度和影响力。

卡通人物的创作，可以是基于某种真实或虚构的动物、植物，也可以是基于某一类型的人，其核心在于能否准确体现品牌的思想、性格、价值观念，有效地实现品牌人格化，并得到品牌定位人群的认知与认可。

虚拟的卡通人物，正因为它的“虚拟”性，亦留给我们更大的创作、想象空间，能够更有效地嫁接、体现品牌的思想、性格、价值观念，更有效地实现品牌人格化，与人们“真实”沟通；有着比“真实”的人更强的亲和力，更容易与人们建立“情感”关系，成为人们认可与信任，甚至是依赖的朋友；有着比企业核心创始人、知名明星等现实世界中的真实人类更完美的体现，更容易受到人们的青睐和喜爱。

一个真实的人，可能在生活、工作中犯错，给品牌带来负面影响；也可能随着时间的流逝而老去，逐渐被人们淡忘。但一个虚拟人物，除了不容易犯错，亦可以青春永驻、经久不衰，甚至是历久弥新；沉淀时间越长，往往影响力越大，甚至可成为一个圈层、民族、国家、社会中的一种文化。除此之外，将一个虚拟人物创造为明星 IP 的时间与资金投入，也可能远低于将一个真实的人创造为明星 IP 的时间与资金投入，而为企业与品牌带来的价值，前者却可能远高于后者。

通过创作虚拟的卡通人物，实现品牌人格化，带动品牌成长与商品销售的方式，并非产生于当下的商业环境中。如麦当劳餐厅的“麦当劳叔叔”、米其林集团的“米其林轮胎先生”、海尔集团的“海尔兄弟”、瑞星的“小狮子”等卡通形象，已然成为具有一定影响力，被人们熟知的明星 IP。

随着商业的发展，我们也可以看到诸多企业、品牌通过虚拟的卡通人物创作，与人们更好地沟通、联系。如腾讯企业的“企鹅”、淘宝的“淘公仔”、天猫的“猫”、京东的“狗”、苏宁易购的“小狮子”、新浪的“小浪人”、知乎的“刘看山”、赶集网的“小毛驴”、暖小幺的“粉色小兔”等。它们在对应品牌中可能担当不同的角色，也可能应用于不同领域，但已得到一定人群的认知和认可，影响着品牌的成长。

2017 年 10 月 26 日，沙特阿拉伯授予香港汉森机器人公司生产的机器人“索菲亚”公民身份，“索菲亚”成为历史上首个获得公民身份的机器人。这进一步表明，随着虚拟现实、人工智能等技术的发展，人们对“虚拟”人物的认可。时下二次元文化能够得到快速发展，同样表明伴随着动画、漫画、游戏、小说等成长的新型消费者，对“虚拟”唯美世界、“虚拟”完美人物的追求与向往。

虚拟的卡通人物，正因为它们的“完美”性，更容易唤起人们内心中的共鸣，被人们引为代个性、思想、情绪、气质、信仰、兴趣、爱好、知识、能力等某个层面“发言”的“代言人”“代言物”，驱动人们主动拥护品牌和传播口碑。而又因为它们有着比真实的人更强的亲和力，它们更容易与人们建立“情感”关系，成为人们认可与信任的朋友。当这些“朋友”推荐某个事物、商品，也必将引起人们主动了解的兴趣，使人们参与互动和传播，产生购买、合作的意向。

在第四篇以及后续的篇章中，我也将与你继续探索有效地将品牌“人格”化、系统化创造“符号化的代言物”，驱动人们主动拥护品牌和传播口碑，从而减少品牌的传播成本，高效积累品牌价值的实用方法和技巧。

第四篇

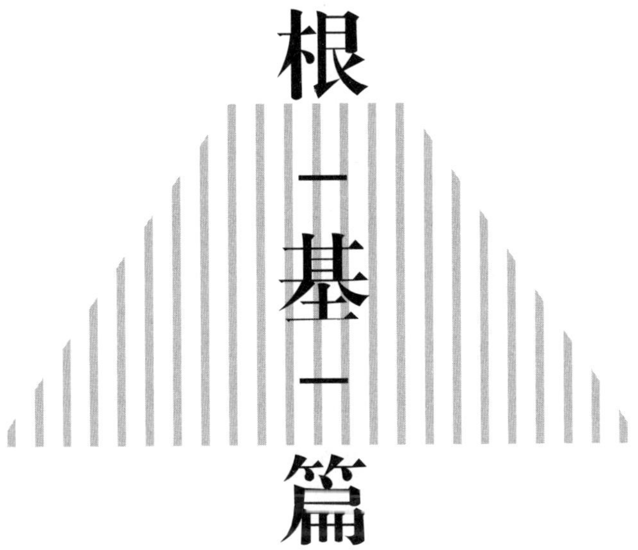

三点合一，构建品牌根基

品牌创造，之所以复杂、困难，一定程度上在于品牌由多个看似分散的点组成。企业在创造品牌时，往往缺乏系统性的思维与高度，过多关注品牌的营销、传播等方法，忽视了品牌的发展与成长规律，在品牌路上兜兜转转，造成不必要的损失和浪费。

20世纪90年代，美国著名的管理学家伊查克·爱迪思，曾用20多年的时间研究企业如何发展、老化和衰亡。他在《企业生命周期》一书中，把企业生命周期分为：孕育期、婴儿期、学步期、青春期、壮年期、稳定期、贵族期、官僚化早期、官僚期、死亡10个阶段，指出了企业发展与成长的基本规律，并提出了相应的对策。

这些年，我在品牌营销的工作实践与学习，以及对众多成功、失败的品牌案例深入研究分析中发现，一个品牌之所以能够取得成功，能在品牌创造路上少走弯路，除了遵循品牌创造中的五个“关键词”，同样有它的成长规律、发展步骤。在此，我将其分为：根基期、预热期、裂变期、升级期，并以此为后续篇章的顺序，与你一起探索每个发展步骤中具体的实施策略与方法，让你在理解如何驱动人们主动拥护品牌和传播口碑的同时，系统性地执行品牌创造，进一步减少品牌的创造成本和高效积累品牌价值。

品牌创造，犹如人们盖高楼、建大厦，首先要有坚固的地基，才能支撑万丈高楼的建造。品牌根基，犹如高楼的地基，有坚固的根基，才能让品牌创造得到稳固的积累、沉淀；反之，再“优秀”的营销、传播方法，再“奇特”的点子，都可能似建造“空中楼阁”，华而不实。

品牌创造，亦犹如培育一棵参天大树，需要时间沉淀与投入积累，从而可以在更长时间里，收获更多的果实。而非在菜园种菜，可以同时种多棵，可以在短时间内获得成果，但成果却往往只是短暂的与微乎其微的。

品牌的根基构建，通常来说越早越好，能够让企业的经营、传播，更早得到有效的沉淀与积累。从理想的状态而言，品牌根基应构建于商品研发之前，因为品牌的营销、商品的研发方向，往往都需要根据品牌根基的规划而确认。品牌根基，最晚应构建于品牌裂变式传播之前。企业一旦度过商品试错期，开始大规模生产商品，大幅度投入广告成本之前，就必须重视品牌的根基构建，反之必然造成品牌经营、传播的浪费，造成企业员工对品牌执行的混乱，以及让大众对品牌形成不符合品牌发展方向的认知。

品牌根基，主要由品牌的定位、思想、形象三个点组成。但它们却不是孤立存在的三个点，必须将三点合一，构建一个能让企业系统性执行、让人们统一性认知的品牌根基。

品牌根基的构建，关键在于创作人员对品牌根基、商品创新、渠道布局、品牌传播等品牌创造工作，具有系统性的把控思维与高度，而不仅仅是某个点的完善。

构建品牌根基，是品牌创造的第一步。品牌能否得到大众的认知与认可，在于后期的经营与传播。品牌的经营与传播，往往需要比较高的时间成本与资金投入。相比之下，品牌根基的构建成本，将远低于品牌的经营与传播成本，也几乎是绝大部分中小企业都可以承受的成本。在得到一定的经营与传播之前，品牌根基只是被企业所拥有，不具备太多市场价值。但品牌根基的优与劣，却几乎决定品牌在后期的经营与传播中，能否有效减少成本和高效积累品牌价值，甚至决定一个品牌的成与败。

减少成本，不是选择“低廉”成本和“平庸”效果，而是一开始就把事情做好，在品牌裂变式传播前，把品牌根基做到“极致”，避免无谓的损耗与浪费。一开始，就把品牌的定位、思想、形象，构建为一个三点合一的系统。一个容易被人们简单、具体认知的品牌，容易唤起人们的共鸣，被人们引为代个性、思想、情绪、气质、信仰、兴趣、爱好、知识、能力等某个层面“发言”的“代言物”，从而驱动人们主动拥护品牌和传播口碑，减少品牌的创造成本和高效积累品牌价值。

第一节
战略性的品牌“定位”方法

定位，在汉语中释义为确定方位，确定位置；确定或指出一个地方的界限。

全球顶尖营销战略家杰克·特劳特于1969年在美国《工业行销》杂志上正式发表定位理论的第一篇署名文章《定位——同质化时代的竞争之道》。1981年，世界著名的营销战略家艾·里斯与杰克·特劳特出版《定位》，使“定位理论”在商业领域得到广泛运用。2001年，“定位理论”被美国营销学会评选为有史以来对美国营销影响最大的观念，以至于影响众多美国、中国等世界各地的企业。

互联网变革了商业的诸多形态，却未能改变“定位”在商业上的重要性，反而使其变得越来越重要，成为企业能否取得较大成就的关键因素。为此，也产生了不少与定位相关的咨询与培训公司，一些企业经营者投入数万元，甚至是数十万元学习所谓的“定位理论”。

定位，固然重要，却不复杂。在我看来，所有被复杂化的“定位”都可能难以得到良好的执行。在此，我想阐述与探索自己对商业中“定位”的理解与实践，或许能为你在品牌创造中提供一些参考与帮助。

一、定位的意义

定位，是一种选择，是企业在经营领域、服务人群、商品创新、服务模式、商业模式、营销方法等方面的一种选择方式。人们在生活与工作中，同样经常在进行定位和选择。选择你的专业、职业，选择你的行业、工作，选择你的生活区域、圈层，选择你的伴侣、朋友，选择你今天穿什么颜色的衣服，选择你今天中午吃米饭还是面条。

定位，亦是一种牺牲。无论你如何选择，都将造成其他方面的损失和放弃，以至于人们说选择大于努力。定位，更是一种舍得的行为和能力。正如《易经》中所指示“君子几不如舍，往吝”。有舍有得，不舍不得，大舍大得，小舍小得，只有懂得舍弃，敢于舍弃，才可能得到更多。同时，也是选择“聚焦”瞄准一只鸟将其击落，还是选择对着一群鸟放一枪后，惊飞所有的鸟的问题。

今天的企业，正如杰克·特劳特在“定位理论”中所提到，已不存在要不要定位的问题，而是要么你是在正确、精准地定位，要么你是在错误地定位。因为，今天的人们不需要你的大而全，不需要你的面面俱到，而需要你能在某个领域做得比别人更好、更专业。事实上，一个企业也不可能同时在所有领域比别人都做得更好，不可能服务所有人。既然不能面面俱到满足所有人，不如在商业中，确定自己的方位，划定一个界限，以此指引企业前行，得到某个圈层人群的认知与认可。

定位，在品牌创造中的意义，在我看来主要为两大方面。

其一为企业通过有效的定位，让品牌成为某个细分领域的代表，成为在庞大商业信息海洋中，指引消费者选择企业商品的“灯塔”。经过企业一定时间的经营与传播沉淀，让消费者在产生相关需求时，可能在第一时间想起你，并相信你在这个领域比别人更专业。

其二为让企业清晰自己的品牌发展方向。有效定位将成为企业在浩瀚无垠的市场海洋中，有效指引前行方向的“灯塔”。指引企业把有限的资源、资金、人力、物力，聚焦于一个点；让企业在商品开发、经营理念、视觉形象、广告传播、营销推广、促销活动、宣传物料等方面形成系统性、连贯性的积累，得到更多的价值沉淀。

定位，通常建立于一个企业或品牌的创立之初，或企业的转型之际。缺乏有效的定位，企业将缺乏在经营与执行中的选择、取舍依据。随着互联网的发展，企业所接触的商业信息量同样日益增加。面对大量的新鲜知识、事物，面对各种充满诱惑的“商机”，一个企业或品牌只有确认、恪守自己的定位和发展方向，才能做到有所为、有所不为。懂得自己主要为哪些人群提供服务，主要经营哪些商品与品质，懂得舍弃不属于自己的“商机”和“客户”。从而提升在某个领域的竞争力，构建自身的商业壁垒，成为某个领域的领先品牌。

如曾经的诺基亚，选择砍掉造纸、轮胎、电缆、橡胶等领域的业务，甚至忍痛抛弃当时欧洲最大电视机经营商之一的地位，砍掉电视业务，关闭在德国的电视机生产基地，定位于手机这一细分领域，后来成为人们熟知的手机行业巨头，占据整个手机市场半壁江山，连续多年全球市场销量第一。

如万科集团，以壮士断腕的决心，转让、关停有盈利的服装、饮料、商贸、文化、百货等多个行业的公司和业务，定位于房地产领域，成为今天中国最大的住宅开发企业。

二、品牌定位中的五大方面

定位，在人们的生活与工作中被运用于多个方面。同样，在品牌创造中，它也不仅限于某个方面的定位，而且是贯穿品牌经营领域、服务人群、商品创新、服务模式、商业模式、营销方法等各个方面，甚至是一些执行细节，都需要具体的定位。定位，越是清晰、具体，越能够有效指引企业前行，得到人们的认知与认可。

品牌定位。在品牌创造中，“品牌定位”应该是被人们提及最多的一个定位用词。事实上，“品牌定位”是相对抽象的词，或者说它是一个包含多方面定位的词。它包含人群定位、思想定位、形象定位、区域定位、圈层定位、渠道定位等品牌创造中的所有环节定位。也就是说，品牌创造中每一个方面的定位，都可能被笼统地称为品牌定位。

与此同时，“品牌定位”又是一个相对具体的词。它代表了一个品牌的战略发展方向，准确指出品牌所选择的细分领域；代表了人们心中，对品牌形成的有效认知和记忆，让消费者在产生相关需求时，可能第一时间想起它，并相信它在这个领域比别人更专业。如宝马汽车，代表了驾驶乐趣；梅赛德斯－奔驰汽车，代表了舒适享受；沃尔沃汽车，代表了安全；丰田汽车，代表了经济实惠；苹果手机，代表了时尚与身份；褚橙，代表了励志精神；江小白，代表了青春与简单的生活等。它可能在人们心中，代表某一行业、商品、风格、思想、文化、信仰、情感、个性、主张、潮流、人群、生活方式，又或者是一种高端、中端、低端的品质。

人群定位。即我们常说的潜在消费群体定位，或者说目标人群定位，是品牌定位之中首要的定位工作。品牌，通常只有先明确我们主要为谁服务，才能制订相应的商品创新、服务模式、商业模式、营销方法等定位方案。

常规的人群定位，大体分为区域定位、性别定位、年龄定位、职业定位、人群层次定位等。区域定位：对所在的国家、省、市、乡村等市场区域的定位。性别定位：男性或女性的定位。年龄定位：儿童、青年、中年、老年，又或是某一年龄阶段的定位。职业定位：白领、工人、学生、家庭主妇、创业者等不同职业的定位。人群层次的定位，通常分为高端、中端、低端人群定位。高端人群即高收入人群，此类人群如站在金字塔塔尖，越往上数量越少，但购买能力较高。中端人群即中等收入群体，也泛指具有一定品位与追求的新型消费者。他们不仅满足于商品的功能与功效，还追求精神层面的满足。随着我国经济的发展，此一层次人群数量将越来越大。低端人群，比起品牌与品质，他们更追求所谓的“价廉物美”，低价几乎是他们的唯一追求。目前该类人群仍有庞大的数量，但随着中国社会与经济的进步，此类人群的数量势必日趋减少。

在互联网时代的商业环境中，除了上述常规的人群定位，更需要针对基于不同兴趣、爱好、思想、文化、价值观念、专业、行业、利益等因素而形成的圈层进行定位，以及针对不同认知、品味能力，或具有某种心理特征的人群进行定位，从而更准确地制定商品创新与营销策略，更有效地为其创造有效价值，换取更高的价值与利润。

商业模式定位。随着滴滴出行、摩拜单车等商业模式的成功，近年来，商业模式策划也被一些企业热捧，甚至成为企业盲目追求的热点。在我看来，一个商业模式从来不是“凭空”策划出来，亦不是完全的策划创作。它只是商业经营中，针对不同环节的模块进行选择、定位、组合和创新。

通常来说，一个企业的商业模式，包含目标市场、价值主张、采购模式、研发模式、生产模式、商品模式、营销模式、销售模式、营利模式、服务模式、仓储方式、交易方式、融资方式等环节和模块。任何优秀的商业模式，都不是对整个商业模式体系进行完全的策划创作，而更多是选择什么样的模块进行组合，并对所选模块进行优化、创新，以此构建一个与众不同、更适合于企业的商业模式体系。

例如经常被各大商学院引为课堂范例的美国西南航空公司商业模式。美国西南航空目标市场定位于“短程航线”，价值主张“廉价航空”。正如该公司总裁赫伯特·凯勒所言：“我们是与汽车竞争，而不是飞机。”为达成“廉价航空”的主张定位，美国西南航空公司选择短航程、高频率、低成本等经营策略。航线只选择美国城际间点对点的航线，没有长途航班，更没有国际航班；机场主要选择一个城市的非核心机场或旧机场；机型只选择波音 737，节省培训、维护、管理、燃油等成本；使用塑料登机牌，没有固定位置，节省印刷开支和登机时间；没有公务舱和头等舱，没有配餐；从降落到起飞调度时间，约为 15—20 分钟，让飞机大部分时间在天上飞行；安排高频率的密集航班，保证乘客即使错过一个航班，也能在一小时内搭上同一航线的下一个航班。正是对这一系列模块的选择、创新，构建了美国西南航空公司优秀的商业模式体系，构建了它的廉价、方便、安全与舒适。

商品定位。更多人将此称为“产品”定位。“商品”与“产品”，不同人之间可能有不同的定义。我没有想对它们进行复杂的区分与定义。之所以在本书中统一称为“商品”，因为在我看来，“商品”的包含面可能会广泛一些，包含了有形的实体型产品和无形的服务型产品。

商品定位，是基于品牌战略方向定位、人群定位与商业模式定位之下的定位策略，亦是支撑它们得以成功实施的本质基础。一个品牌，可能聚焦于一个商品，也可能聚焦于一个系列的商品，又或者聚焦于某种风格、适合某类人群的多种商品。对于后两者而言，我们就必须对其进行有效的规划与分类。通常来说，后两者的商品结构体系，大体分为流量商品、常规商品、利润商品、形象商品、福利商品等类别。

流量商品，即常用于引流、促销类的商品。通常来说，这类商品的竞争者最多，且利润低，但最容易被人们接受和购买，与人们建立初次合作的机会。常规商品，这个无须过多解释，因为大多数企业的商品架构，就只有此一类别的商品，并被应用于其他类别商品的属性中。利润商品：利润高，有一定的销量。形象商品，这类商品通常只应用于标榜品牌的高度与形象，价格极高、数量稀少，难以复制和量产。如白酒行业的年份酒、茶叶行业的古树茶、蜂蜜行业的悬崖野生蜂蜜等。福利商品，通常被误认为附送赠品，其实却不尽然。在时下的商业环境中，仍然采用市场中常见的所谓附送福利，显然已无法让人们心动。真正让人们享有荣誉感，并引以为豪的福利，应该是在人们的认知中价值较高，具有一定稀缺性，而实际成本较低的商品。福利商品，通常只以远低于人们认知的价格回馈于品牌粉丝和会员用户。

价格定位。价格的定位，是结合品牌商品结构中不同商品类别的定位。也是结合品牌定位人群、竞争对手、销售渠道的定位。通常分为高价定位、中价定位、低价定位三种形式。

高价定位，销售利润高，但销量可能有一定的受限。随着互联网对商品成本等信息的透明化，消费者心理趋于理性。高价定位的策略，一般只适用于重复消费频率较低、附加值较高的行业，如红木家具、跑车、私人游艇等领域。如果品牌定位人群不是特定的高端人群，商品又没有明显的优越性，一般不建议选择过于高价的定位策略。近年来，奢侈品行业销量的逐年下滑，同样表明互联网信息的透明化，让消费者心理趋于理性。高价定位策略，亦适用于利润商品与形象商品之中。

中价定位，是中等收入人群、新型消费者，基于感性认同与理性分析后，最有可能选择的商品价格定位策略。在零售市场中，当三个同类商品陈列于同一货架时，排除品牌因素，人们主要选择的商品，通常不是最高价格，也不是最低价格，而是居于中间价格的商品。中价定位，拥有庞大的消费群体，也有一定的合理利润，随着互联网对商业信息的透明化，以及中国社会与经济的发展，中价定位必是越来越多人的选择，也是企业最应该重视的定价策略。

低价定位。低价，是商品容易得到人们喜爱的因素之一，但我们却不能一味追求低价，而应懂得运用策略性的低价。如低价引流策略、低价福利策略等。事实上，诸多优秀的商业模式，就是将别人正常售价的商品，做到远低于市场的正常售价，甚至是免费，从而打败竞争对手。如淘宝以免费策略打败了eBay（易贝）；各种打车软件以返利补贴，对传统出租车行业造成一定的冲击和影响。低价与免费的同时，亦考验企业的营利模式和能力。因为，只懂得片面性的低价竞争，势必降低企业的商品品质，亦不会有合理的利润支撑品牌创造和商品研发、创新。同样，不会得到人们的认可与拥护。

价格定位，除了按价格层次的定位，亦有尾数价格定位、销售渠道价格定位、商品生命周期价格定位等方法。无论运用哪种方法，都必须结合商品能给品牌定位人群创造的有效价值，以及品牌定位人群对该价值的认知、接受界限而进行定位。尽可能给予品牌定位人群优于他人的商品、服务，以及低于他人的实惠价格。

品牌定位，除上述列举的人群定位、商业模式定位、商品定位、价格定位外，亦有生产模式定位、营销方式定位、销售渠道定位、传播渠道定位、促销方式定位、服务方式定位，以及品牌的思想、形象、行为等方面的定位。甚至是店铺选址，都需要清晰、具体的定位。如麦当劳与肯德基附近总可能有对方的店铺。

品牌创造的过程，实际也是一个不断定位的创造过程。定位，虽然通常建立于一个企业或品牌的创立之初，或是企业的转型之际，但它却非一成不变的。特别在当下瞬息万变的商业环境中，品牌定位的商业应用也产生了一定变化。它虽然贯彻于品牌创造中的各个环节，但主要作用在于帮助品牌选择“战略方向”与“细分领域”，并能更清晰地贯彻于执行之中，得到消费者的认知、认可与记忆。

而今天品牌定位中所指的“战略方向”与“细分领域”，也不再仅限于传统意义上“1 厘米”宽度之内的“窄小”领域，它可以是一个单品，可以是一个系列的商品，也可以是某一风格、思想、精神、文化、信仰、情感、个性、主张、潮流、品质、人群、生活方式等领域的定位。

通常来说，品牌创造中的营销方法、商业模式、商品生产、销售服务等环节与模块的定位，都应该跟随着市场发展与人们需求变化，以及企业经营中的实际问题进行优化、调整。但正所谓万变不离其宗，无论时代如何演变，品牌所选择的“战略方向”与“细分领域”，不可轻易改变。

三、品牌定位方法的两个层面

品牌定位，之所以不能被企业有效应用，甚至支付了高昂的“学费”，或是请来了专业的策划“大师”，依然未能将其有效地执行与应用。其核心原因，在于绝大部分人对品牌定位，只看到了其中的一个层面，即选择一个的细分领域，通过各种营销方法和传播策略，使品牌占据人们心中的某一个位置，成为该细分领域的代表。诸如此类的品牌定位概述，诚然没错。但想让品牌定位在经营中得到更有效的执行与应用，它却存在一定的片面性。

正如人们所知，商业之间的竞争在于资源之间的竞争，在于团队之间的能力竞争，是从资金、人才、经验、渠道、设备、供应链、社会关系等各种资源，到研发、生产、仓储、管理、营销、服务、融资等各方面能力的综合性竞争。对于品牌定位，片面地认为只是选择一个细分领域，通过一定的传播积累，即可成为该细分领域代表，这往往只是一厢情愿。

选择一个细分领域，固然是品牌定位的一个重要层面。但品牌定位的另一个核心，是在这个细分领域中，你是否具备一定的资源、能力等综合优势。又或者今天你在该细分领域中，优势可能不那么明显，但在后续经营中，你能有效地提升对应的竞争优势，让品牌在该细分领域得到有效发展。

简而言之，品牌定位，一方面在于选择一个细分领域，该细分领域可以是某一行业、商品、风格、思想、精神、文化、主张、潮流、人群、生活方式，又或者是一种层次的品质；另一方面，则在于该细分领域的选择，必须基于企业的综合优势，且有一定的发展可行性。同时，必须将企业的所有经营策略与传播工作，围绕品牌的定位领域、战略方向而展开。

纵观国内外诸多得到成功执行，使品牌成为人们心中某一领域代表的定位案例，无一不将品牌的定位贯彻于企业的商品研发、创新、生产，人才引进，文化、制度，供应链完善，品牌思想、形象、传播等每一个经营环节之中。企业将所有资源、资金、人力、物力都聚焦于一个点，从而支撑品牌定位的有效执行和应用。

如上述的美国西南航空公司案例。为实现其“廉价航空”的品牌定位，我们可以看到其在经营过程中，对航线、机场、机型的选择，以及是否提供配餐、纸质登机牌，甚至是员工的管理制度、文化、薪酬制度等每一个经营环节，都同样在围绕着“廉价航空”的品牌定位而开展。

如大部分德国汽车品牌，基于安全驾驶和舒适享受的品牌定位，在商品的生产中，就不得不选用厚实材料和高档装饰，也不得不面临较高的油耗和生产成本。而一些日本汽车品牌，基于经济实惠的品牌定位，在商品的生产中，亦不得不减少厚重材质和豪华装饰，以此降低整车重量和生产成本，同时加强它核心部位的耐用性，给人们提供更节省油耗和经久耐用的汽车商品。人们在购买时，也有了自己清晰的认知和选择。

品牌定位，很简单。之所以“简单”，在于它只是运用了人们生活中经常使用的选择、取舍等常规知识。品牌定位，亦很复杂、困难。之所以“复杂”，在于你是否有能力找到一个既有成长空间，又对应自身优势的细分领域；而之所以“困难”，在于你是否能够恪守自己的定位与战略方向，舍弃不属于自己的“商机”和“客户”，将定位执行到位。

定位，是一种方法，更是一种能力，一种选择的能力，一种舍与得的能力与智慧。

正确、精准的品牌定位，是有效指引企业在浩瀚无垠的市场海洋中找到自己前行的方向的“灯塔”，是有效指引消费者在庞大商业信息海洋中选择企业商品的“灯塔”，亦是品牌根基得以正确构建的基本因素。

第二节
人格化的品牌“思想”创作方法

很多时候，我们看见精美的包装、精致的商品、豪华的装修、高端的形象，它们尽管频繁地出现于我们眼前，阐述它们完美的技术、功能、材质、品质、优势、效果，阐述它们能给到我们的各种好处，但我们却总是感觉缺少什么，也总是很难对它们所说的话产生信任，甚至是产生怀疑、抗拒。其核心原因，往往在于该商品，或者说该品牌，缺少“思想”，缺少“灵魂”，缺少与人们有效沟通的“情感”“温度”。

一、思想，是品牌的灵魂

思想，又称为“观念”，也指一个人的思维、思考方式，亦指一个人的内在性格、个性、精神、品德、信仰、情感、态度、价值观念等方面。准确来说，“思想”并不能代表品牌“灵魂”的全部，它有时也可以用性格、个性、精神、品德、信仰、情感、态度、价值观念等词语进行代替。之所以用“思想”为品牌“灵魂”概括词语，在我看来，它更能够让人们准确理解品牌与“人格”之间的关系，以及体现品牌“灵魂”的重要性。

思想，可能出现在其他动物的身上，但它更主要体现于“人”的身上。一个品牌，只有具备自己的思想、个性、精神、品德、信仰、情感、态度、价值观念，它才能够被称为“人格化”，才能够让人们感受到它的“温度”，有效地与人们建立“情感”关系，而不仅仅是“冰冷”“美观”“高大上”的商品。

很多人认为，创造品牌，首先是策划一个概念、卖点，并把它们当成所谓的品牌“核心价值”，通过大幅度的广告传播，强势占领人们的心。如安全、舒适、动力、天然、绿色、富硒、营养、健康、高端、去屑、防脱发、补水、美肤、养颜等概念的包装与策划。

但很可惜，诸如此类的方法，只适用于人们接收信息的方式仅有电视、报纸等传播渠道受限的时代。在今天的品牌创造中，你可以将这些概念作为一个品牌的功能、利益等诉求卖点，但它却不能得到人们快速信任与认可，更不会有主动拥护和口碑传播的行为。

随着人们消费能力、观念的升级，同质化商品的日趋严重，以及各种商业信息的高速增长，人们对商品宣传的各种优点、功效，已经很难快速、准确地判断它的优与劣，也不再对一个“冰冷”的商品产生太浓厚的了解兴趣，而往往是先认可“人”，再对其经营的品牌、 商品产生认可。一个缺乏“人格”与“思想”的商品，人们可能为它的技术、功能、功效、价格等基本价值买单，却很难为它满足人们精神追求层面的其他附加值而买单。

如我们购买“江小白”，可能购买它的口感，也可能购买它“简单生活”的态度；购买小米手机，可能购买它的性价比，也可能购买它“为发烧而生”的个性；购买褚橙，可能购买它的品质，也可能购买它“励志”的精神；购买农夫山泉，可能购买它天然的水质，也可能购买它“大自然的搬运工”的思想；购买脑白金，可能购买它改善睡眠的功效，也可能购买它“孝敬父母”的价值观念。

能体现品牌人格化的方式有很多，甚至这些方式之间亦不是完全限定的。因为，既然是一个真实“人”，就会有他的思想，也会有他的个性、情感，以及在不同环境中所表现出来的幽默、任性、撒娇、卖萌、强势、自信、活泼、酷炫、犀利、调皮、敏捷等不同特点。当然，对一个品牌而言，人格化的方式与特点又会相对固定，由此让人们更好地认知与记忆。

品牌，是否具有“人格”与“灵魂”，关键在于能否让人们感受到它的“温度”，感知它的思想、个性、精神、品德、信仰、情感、态度、价值观念，是否能够让人们更好地亲近它、理解它、接受它。人格化的品牌能有效地与人们建立“情感”关系，成为人们“真实”的朋友，甚至是偶像。而企业创始人、意见领袖，歌唱、影视、体育明星，虚拟人物等明星 IP，是直接嫁接、体现品牌人格化的最好方式，也是让人们最易于理解、接受品牌“人格”与“灵魂”的直观方式。

如苹果手机，嫁接其创始人史蒂夫·乔布斯的精神与魅力，人们在购买苹果手机时，除了购买它的功能与体验，也可能在购买史蒂夫·乔布斯的精神与魅力；巴黎欧莱雅，嫁接巩俐等明星的美丽与魅力，人们在购买巴黎欧莱雅的商品时，除了购买它出众的品质，也可能在购买巩俐等明星的美丽与魅力；三只松鼠，嫁接卡通形象的卖萌、可爱的个性，人们在购买它的新鲜与美味时，也可能在购买它卖萌、可爱的个性。而且人们往往是先认可与接受品牌的思想、个性、精神、品德、信仰、情感、态度、价值观念后，再产生购买与合作的意向。

每个人，都有自己独特的思想。每个人格化的品牌，也同样有自己独特的思想。每一种思想可能获得一定人群的认可，但不会得到所有人由衷的认可。

在“大众创业，万众创新”的激烈竞争市场中，我们需要的不仅是“匠心”的商品、“走心”的服务、“实惠”的价格，亦需要一个具有“人格”与“灵魂”的品牌，一个具有独特思想、个性、精神、品德、信仰、情感、态度、价值观念的品牌。这种品牌可得到某一圈层人群的认可，成为代他们的个性、思想、情绪、气质、信仰、兴趣、爱好、知识、能力等某个层面发言的“代言物”。

一个缺少“思想”与“灵魂”的品牌，你可以让人们为该品牌的商品功能、品质买单，也可以通过大幅度的广告投入提升它的知名度，却很难让它成为人们信任与认可的朋友、偶像，从而驱动人们主动拥护和口碑传播。因为，人们所拥护和传播的，是具有“思想”与“灵魂”的朋友、偶像或“符号化的代言物”，而不是“冰冷”的商品。

二、品牌思想，源于文化、成为文化

对于创造品牌，有不少人认为，首先要策划一个品牌的文化，或者说策划一个企业的文化。但无论是企业还是品牌，在其诞生之初，是不存在太多自有文化的。

前些年，我写过一篇关于企业文化的文章。再经过近几年的观察，我发现大部分企业对于文化，要么缺乏有效整理，认为文化过于虚浮，没有实际意义；要么简单模仿、套用别人的企业文化，甚至委托“专业”机构，为其策划所谓的“文化”。

事实上，企业或品牌的文化从来都不可能是被完全策划出来的。而一个企业，无论你是否有文字形式的企业文化，只要经过一定时间的经营沉淀，都必然产生企业自己的文化。或积极，或消极；或清廉，或贪腐；或诚信，或背信；或悠闲，或压抑；或快乐，或忧郁；或松懈，或紧张；或务实，或虚浮；或用心，或苟且；或和睦融洽，或钩心斗角……无论好与坏、对与错，那都是一个企业的文化。但通过有效的梳理、撰写，形成清晰的文字、图形、视频、歌曲等形式，却可以让企业文化得到更好的传播、执行，引导其往积极、正面的方向发展。

不少人认为，企业文化就是老板的文化。在我看来，它不算完全准确的定义，却有一定的依据。因为，一个企业的文化，最开始往往便源于该企业创始人的性格、思想和价值观念。

如一个企业创始人，具有重视诚信的价值观念，其企业所形成的文化和行为，也很可能是重视诚信；反之，你请人策划再多的所谓“诚信”，企业所形成的文化与行为，也可能很难是重视诚信。而真正的企业文化，是企业经过一定时间的经营，受企业集体成员的价值观念和日常行为影响，逐渐沉淀成为企业独有的文化。

无论是一个企业，还是一个组织、民族、国家、社会的文化形成，往往源于一小部分人的性格、思想、价值观念的影响，经过一定时间的持续传播、执行，以至于影响越来越多人的跟随，成为一个企业或一个组织、民族、国家、社会的文化，犹如星星之火的燎原之势，影响一个企业或一个组织、民族、国家、社会的前途与命运。

如春秋战国时期，秦国得以发展，直到秦始皇消灭六国，一统天下，从而奠定中国两千余年的政治格局，其核心同样在于秦人祖先的思想与价值观念。早期的秦国只是周王朝的附庸，封地不足 50 里，主职是为周王朝饲养马匹。到秦庄公在位时，本应封长子世父为太子，但世父因其祖父秦仲在与西戎交战时被杀，他说："西戎杀我祖父，我不杀戎王，就不敢进居秦邑。"于是世父率军攻打西戎，将太子之位让给弟弟秦襄公。又因世父在与西戎交战时被俘，秦襄公通过与另一个戎王和亲，救回世父。对比春秋时期，其他国家候选人为争太子之位，不惜自相残杀，如此思想与行为，几乎是不可思议的。也正因是这样的思想与行为传承，奠定了秦国的文化，奠定了秦国统一华夏的核心基础。

文化的形成，往往源于一小部分人的性格、思想、价值观念的影响。但反过来说，一个人的思想、个性、性格、精神、品德、信仰、情感、态度、价值观念形成，可能有一些先天因素的影响，但同样是一个人在学习、教育、生活、工作等成长环境中，在一个组织、民族、国家、社会文化的影响下而形成的。

因此，品牌"思想"的创作与形成，同样不是凭空的策划与创作，而更多是与两方面的文化相关：一个方面为企业文化；另一个方面为某个圈层、群体、组织、民族、国家、社会的文化。

企业文化，不等同于品牌"思想"，但它却可能影响品牌"思想"的执行与成长，使品牌被人们认知、认可、拥护、追随，又或者是否认、拒绝、抗拒、排斥。

如海尔集团创始人张瑞敏，在一次突击检查中发现 76 台缺陷冰箱，有人提议作为福利处理低价销售给本厂员工。但张瑞敏却决定，开全体员工会议，现场把 76 台冰箱全部砸掉。同样质量的冰箱，有人认为可以低价销售，但他却认为不能销售任何带有缺陷的冰箱。正因张瑞敏对品质严格要求，砸醒了海尔员工对质量的意识。同时，相应的企业文化，也让海尔"有缺陷的产品就是废品"的品牌思想与价值理念，得到人们有效的认知与认可。

虽然企业文化与品牌思想相关，但它却不是品牌思想的创作依据。品牌思想创作，更多基于某个圈层、群体、组织、民族、国家、社会中的文化进行。品牌思想以此得到对应圈层人群的认知与认可，甚至成为某个民族、国家，以至整个社会的文化之一。一个品牌，能够为企业创造最大的资产与价值，同样是因为“思想”成为某一个圈层、社会、民族、国家之中的某一种文化，商品功能、功效、技术等层面带来的只会是基本价值。

如传统的筷子，如果从商品层面看，它的功能无非是夹菜，你想要卖贵一些，可以赋予它不同的材质，或赋予它不发霉、不生锈、耐高温、无异味、不烫嘴等功能与特征，可此时，所带来的销量与附加值，往往都是相对局限的。但如果基于中国的“礼”文化， 将其变为亲人、 朋友之间的一种伴手礼，通过艺术的设计、百家姓的雕刻，它却可能成为一种沟通情感关系的礼品，甚至是收藏品，赢得不一样的竞争空间和附加价值。

如金六福酒，它除了有香气悠久、味醇厚、入口甘美等商品层面上的特点，亦基于中国人所喜欢的“福”文化，构建了“六六大顺”和“福气多多”的品牌思想，通过一定的经营传播，它成为中国“福”文化的代表品牌之一。

如旺旺雪饼，我相信要做到类似品质的商品，并不难。但因为它基于中国人喜欢的“好运”文化，构建了为人们带来“旺”和“好运”的品牌思想与价值观念。今天的旺旺雪饼，无须过多诠释，已然成为一种为人们带来“好运”文化的代表品牌，以至于人们走亲访友喜欢带上旺旺雪饼。因为，人们送的不仅仅是美味，更多的是为自己和亲人、朋友带来“旺”的运气。

如脑白金，它除了有改善睡眠的商品特点，亦基于中国传承数千年的“孝”文化，构建了自身的品牌思想与价值观念。经过多年“今年过节不收礼，收礼还收脑白金”的广告传播与沉淀，已然构建了一部分人给父母送礼首选脑白金的价值观念。因为，人们所送的不仅是它为父母带来优质睡眠的特点，更是一份孝心。今天的脑白金，同样成为中国“孝”文化，以及“礼”文化的代表品牌之一。

文化是一个包含非常广泛的概念。它包含人类的历史、风土人情、传统习俗、附属物、生活方式、宗教信仰，文学艺术、思维方式、价值观念、精神、态度、制度等，涵盖人们的衣、食、住、行等方面，亦指人类全部精神活动及相关物品。

文化的广泛性，留给我们巨大的创作空间。一个商品，你可能不容易在技术、功能、功效、价格等基础层面，与同行形成明显的差异化，但你可以基于快乐、幸福、青春、时尚、潮流、艺术、品位、励志、孝顺、交心、爱心、二次元等某一种文化，赋予它某种思想、个性、 精神、品德、信仰、情感、态度、价值观念，构建同行看得见，却几乎无法模仿的独特竞争力，从而使它变成一种与众不同的商品，甚至通过一定时间沉淀，成为某个圈层、群体、组织、民族、国家、社会的文化之一。

如今天美国的可口可乐、耐克、苹果、麦当劳等品牌，中国的同仁堂、狗不理、全聚德、王老吉等品牌，法国的路易威登、迪奥、爱马仕、香奈儿等品牌，德国的奔驰、宝马、奥迪、西门子等品牌，日本的松下、日立、东芝、索尼、三洋等品牌，已然成为对应国家和民族的文化的一部分，它们具有被众人所知，却难以模仿和复制的独特竞争力。

只有具备“思想”与“人格”的品牌，才有可能被称为“IP”和成为明星 IP，才能被称为具有“灵魂”的品牌，才能更好地以它的“人格”和人们建立“情感”关系，得到人们的信任与拥护。具备“思想”与“人格”亦能让品牌在时间、空间区隔被打碎的商业环境中，受到细微的负面挫折、攻击时，不至于轰然倒塌。因为，既然是“人”，就不可能完美，它可能在成长过程中犯错，也可能具有某些缺点。人们通常可能因为一个“人”的坦诚与真实而选择原谅和包容，但很难对一个“高高在上”、包裹“严实”的事物选择理解与原谅。

一个品牌的思想、个性、性格、精神、品德、信仰、情感、态度、价值观念，可能无法被具体区分和定义，但一定会被感知，一定会引起共鸣。一个品牌，亦只有具备“思想”与“灵魂”，才能更好地成为代人们个性、思想、情绪、气质、性格、信仰、兴趣、爱好、知识、能力等某个层面“发言”的“代言物”，驱动人们主动拥护和口碑传播，减少品牌的创造成本和高效积累品牌价值。

第三节
符号化的品牌“形象”创作方法

如果说，品牌的思想、个性、精神、品德、信仰、情感、态度、价值观念是一个“人”内在的思想表现，那么，品牌的形象，便是一个“人”外在的穿着打扮、言行举止，充分体现一个“人”的内在思想，在一定程度上影响品牌是被人们认知、认可、拥护、追随，还是否认、拒绝、抗拒、排斥。

品牌，是抽象的。品牌的定位、思想、文化，同样是抽象的。在品牌创造中，我们需要将其转化为简单、具体的文字、视觉、数字、素材、图形、言语等形式，让人们更好地认知与理解。

品牌的形象，通常也是相对抽象的。我们很难像对其他实体商品一样，通过标准的材质、功能进行直观评判，以至于很多时候，我们只能以高端、大气、上档次等概念描述对它的需求，以个人的喜好、眼缘、审美态度评判它的好与差。但事实上，优秀品牌形象有一定的衡量标准，创作起来也有对应的实施方法。

一个优秀的品牌形象，是能够成为符号的形象，是可以被人们快速认知、理解并铭记于心的形象，是一个三年级的小学生都可能一眼认知并懂得它大体寓意的形象，是通过简单描述就可能让人们在脑海中出现准确画面的形象，而非需要用过百页 PPT 深度解释或说服他人接受的形象。

它的创作，首先应该是基于人们日常生活之中熟悉的具体事物，或者是尽可能关联和体现人们熟知的事物、符号。其次是能够准确体现品牌的定位、思想、风格、气质，以极致的视觉呈现，从而唤起品牌定位人群的认可与共鸣。

从原则上说，每一个品牌形象，都有可能成为人们熟知的符号，但一个基于符号而进行创作的品牌形象，不仅能让人们更快速地认知与记忆，更能为品牌创造节省大量的传播费用。它可以有一定的“创意”与“内涵”，相比之下，前者更为重要。

一、品牌基础符号的创作方法

品牌形象，通常被人们片面地认为是“品牌标志”或“VI（视觉识别系统）”。事实上，所有用于表达品牌的定位、思想、风格、气质的文字、颜色、数字、素材、图形、视频、包装、空间，以及品牌经营中相关的服务体系、言行举止，都可以称为品牌形象。其中文字、颜色、图形、包装等，又更容易成为符号化的品牌形象。在本篇中，也重点针对容易成为符号化的品牌形象进行探索与思考。

品牌名称。一个品牌形象的符号建立，通常从品牌命名开始。品牌名称，不等同于企业名称。它可以与企业名称相同，也可以完全不同。一个企业名下，可以有多个品牌；一个品牌，也可能由多家企业参与运营。通常来说，企业名称，只需具有正面寓意即可，它可以不被人们得知，也可以不在商标局注册。但品牌名称，却必须能让人们快速认知与记忆，同时，也需要在国家商标局注册。

品牌名称，可以说是一个品牌的最为核心的符号，同时，也可以说是一个品牌的最大资产。一个品牌，可以更换运营企业，但不可更换品牌名称。如在社交媒体中引起人们热议的“麦当劳”更名为“金拱门”话题，其所更换的也只是运营企业名称，品牌名称仍为人们熟悉的“麦当劳”。更换品牌名称，几乎等同于重建品牌，即使拥有再强的运营、营销能力，更换品牌名称，也很可能让之前的经营积累付之一炬，或增加“更名”带来的巨额传播成本。

在传统的经验里，衡量一个品牌名称的首要标准，通常在于它能否准确体现行业或商品属性。因此，不少企业在给品牌命名时，习惯使用一些代表行业或商品属性的文字进行拼凑；同时，也喜欢刻意追求品牌名称的简短化。致使很多品牌名称，看似简短，却让人们难以理解和记忆。

事实上，一个品牌名称，并非越短越好。通常来说，中文名称一般不超过四个汉字，英文名称一般不超过六个字母，都是可以的。如果真有必要，超过一些也未尝不可。因为，一个品牌名称字数的长短和一个品牌名称能否准确体现行业或商品属性，远不如它在传播时能否让人们容易认知和记忆重要。

一个品牌名称，既能易于传播，又能以简短的文字体现行业或商品属性，固然是最佳选择，如“褚橙”“喜茶”“孩子王”等品牌。随着企业对商标的重视，以及商标局商标注册数量的增加，类似形式的品牌名称，已经较难在商标局注册。

与此同时，品牌命名也有了新的方式与变化。可以基于人们熟悉的事物进行命名，如“苹果”“小米”等；可以基于品牌的思想、价值观念等进行命名，如“娃哈哈”“旺旺”“金六福”“可口可乐”等；也可以运用易于实现品牌“人格”化的方式进行命名，如“江小白”“三只松鼠”“七格格”“小维同学”“小茗同学”等。仅从品牌名称看，可能跟它们所经营行业或商品没有太多关联，但正因为它们都是基于人们熟悉的事物进行命名，可以让人们快速地认知和记忆。

品牌名称，从原则上来说都可以成为人们熟知的符号，但通常来说，基于人们日常生活之中熟悉事物、符号进行命名的品牌名称，才能在品牌传播中，更有效地减少传播成本和缩短沉淀时间，更快速、有效地成为被更多人认知的符号。

品牌标志。品牌标志，是品牌视觉形象的核心符号，也是品牌视觉系统的核心基础。品牌标志，同样不等于企业标志。其实在本书中，阐述的所有的“企业”与“品牌”，都不是完全等同的关系。通常来说，企业是运营品牌的主体，它可以运营一个品牌，也可以同时运营多个品牌。企业标志，可以包含企业的经营理念、文化、多个经营领域等内容，可以包含更多的“内涵”和“寓意”。但品牌标志，必须以简单、具体的形式，准确体现品牌的定位、思想、风格、气质，让人们快速认知和记忆，并以简约、极致的视觉效果唤起人们的认同和共鸣。一个企业，除了只运营一个品牌，企业与品牌可以共同使用一个标志外，每个品牌都应该具有独立的品牌标志和相关形象。

优秀的品牌标志，同样是基于人们日常生活之中熟悉的事物、符号而进行创作的，是通过简单描述就能在人们脑海中准确出现的标志。如苹果的“咬一口苹果”、麦当劳的“黄金双拱门‘M’”、梅赛德斯－奔驰的“三叉星徽”、耐克的“对勾”、小米的“MI”、兰博基尼的“斗牛”、京东的“狗”等。一个品牌标志，在创作中，变化程度越少，主体元素越接近于人们熟悉的事物和符号，越容易成为人们熟知的符号。

品牌标志的符号化，不等同于标志中的图形符号化。一个品牌标志，可能由三个部分组成，即图形与中、英文名称，也可能由其中的一个或两个部分组成。它们既可以是一个主体，也可以是分开的独立体。每个独立体，都可以成为一个符号。如肯德基的品牌标志，由其创始人哈兰•山德士上校——一个和蔼可亲的老人的头像为图形，结合中文名称“肯德基”与英文名称“KFC”三个部分组成。三者之间，可以整体使用，也可以分开单独使用，不影响它成为人们熟知的符号。

随着市场的发展，今天的品牌标志，已然逐步趋于去图形化，主要以中文或英文名称为主体。一方面，是因为品牌的中、英文名称，通常可以让人们产生更直观、快速的认知和记忆；同时，中、英文名称具有更强的包容性，不会受到品牌发展的调整而更换标志主体。另一方面，是随着图形注册数量的增加，简单形式的图形，亦变得越来越难在商标局注册。

如海尔的品牌标志，从小时候我们熟知的以“海尔兄弟”图形为其主体，到今天变为以中、英文名称为主体；万科集团，在标志升级中，也去掉了图形，以更为简约、现代的中、英文名称为主体；与此同时，更多其他知名企业与品牌也同样以中、英文名称为品牌标志的主体，如腾讯、康佳、中兴、加多宝、王老吉、嘉旺、登喜路、迪奥等。

在品牌标志的创作中，我们无须纠结是否使用图形，是以中文还是以英文名称为主体。最重要的是能否有效体现品牌的定位、思想、风格、气质，被人们快速认知与记忆，并能够以简约、极致的视觉效果唤起人们的认同和共鸣。品牌标志，可以与时俱进优化它的视觉效果，但不可以轻易更换它的主体。更换品牌标志的主体，同样可能让之前的传播积累付之一炬，让企业浪费高额的时间与金钱成本。

象征图形。又称为辅助图形。它如同一个品牌的名称与标志，广泛应用于品牌的官方网站、宣传片、宣传册、宣传海报、商品包装、PPT 幻灯片、折页、名片等品牌传播工具之中，主要辅助、延伸和丰富品牌的视觉形象。对比品牌名称与品牌标志，它具有更大的灵活性和表现空间，能使品牌形象富有更强的视觉冲击力和“颜值”。

象征图形，可以是一个品牌标志的主体元素延伸，即图形或中、英文名称的设计元素。如古驰在商品与包装上，运用标志图形叠加为视觉辅助的形式；广发银行在整个品牌形象上，使用标志图形延伸为视觉辅助形式。象征图形，也可以是一个独立图形。如可口可乐的“波浪形飘带”、伊利四个圈雪糕上的“四个圆圈”。无论基于何种形式，这个贯穿于品牌视觉形象，在品牌中得到频繁应用和传播的图形，我们在考虑它在辅助品牌视觉形象的同时，亦同样要将其视为品牌形象的符号之一，增强人们对品牌的认知和记忆。

品牌颜色。品牌颜色，是整个品牌视觉形象中使用面积最大的符号。一个品牌的颜色，除了增强品牌的“颜值”，同样需要准确体现品牌的定位、思想、风格、气质，或是与竞争对手进行差异化区分。如蒙牛、百果园、吴裕泰等品牌，采用体现品牌思想的绿色；惠普、戴尔、英特尔、IBM 等品牌，采用了体现行业属性的蓝色；而同在科技行业，佳能、康佳、东芝等品牌，采用了与竞争对手不同的红色，以此形成差异化的区分。

品牌颜色，犹如品牌的名称与标志，同样可以成为人们熟知的符号，甚至通过有效的结合与创作，可成为品牌与商品的特点。如洋河蓝色经典、三精蓝瓶口服液等。它们的品牌颜色，已然成为品牌独特的竞争优势，使品牌商品在诸多同质化商品中脱颖而出，构建自身的商业壁垒。前些年，王老吉与加多宝的“红罐凉茶包装装潢纠纷案”，其所争夺的是被大众熟知的“红色”符号。

品牌颜色，通常源于品牌标志中主要颜色。一个品牌中，可能有多种颜色，却应该有一种或两种为主要颜色。如麦当劳品牌，可能用到蓝、橙、绿、紫等各种不同辅助颜色，但只有两种主要颜色，即红色与黄色，且更多以红色为大面积使用主体，以至于人们即使是驾车快速经过麦当劳餐厅门口，也可以轻松识别。

通常来说，一个品牌常用的主要颜色越少，越容易形成符号化。如：可口可乐、麦当劳、肯德基、嘉旺、真功夫、红牛等品牌，之所以被人们准确认知，甚至提及该品牌名称时，人们脑海中都可以准确出现对应品牌颜色，原因亦在于他们在品牌视觉形象的应用与传播中，坚持采用一种或两种主要颜色，且通常大面积使用其中一种颜色。当一个品牌形象常用的主要颜色超过三种时，其很难成为被人们准确认知和记忆的符号。

二、品牌延伸符号的创作方法

在品牌形象中，除了品牌的名称、标志、象征图形、颜色等基础符号，亦有基于它们所延伸创作的“商品包装”“商业空间”等，这些也容易成为符号化的品牌形象。

首先说商品包装。其原本的用意在于将商品包裹起来，从而在流通中起到保护、储存、便于运输等作用。同时，它又是具有“传播与溢价能力”的品牌形象。它不仅可以在商品的销售流通中，让自己成为人们熟知的符号，亦可以带动品牌基础符号的成长。

随着商业的发展，商品包装得到企业进一步的重视和运用。与此同时，市场上也出现了大量参差不齐的商品包装。在这些商品包装中，大体存在几方面问题：其一，缺少有效的策划和设计，依然停留在“保护”与“储存”商品的基本层面；其二，与品牌的定位、思想、风格、气质等根基脱离，无法形成对它们的有效传播；其三，过度追求包装的形式、材质与工艺，以致影响人们对包装内商品价值与售价的认可度；其四，过度追求面面俱到，无论是文案的数量、质量，还是设计中采用的元素，都与简单、具体的原则偏离，造成传播与消费者认知上的阻碍。

商品包装的创作，首先是基于品牌定位、思想、形象等品牌根基之上的延伸与创作。缺乏有效的品牌根基构建，无论它具有多华丽的视觉效果，或是再复杂的工艺，都将使商品包装缺少“温度”与“灵魂”，缺少对品牌符号的有效传播，以及对品牌“资产”的有效积累。其次，是基于商品的市场售价、生产成本、销售渠道、消费人群等基础，从而决定包装的形式、材质、工艺等设计方式与制作成本的创作。

今天在不同行业中，已然诞生了一些值得我们学习与借鉴的商品包装。它们可能没有复杂与独特的形式、材质、工艺，甚至没有过多的设计。但却不影响它们对品牌定位、思想、风格、气质的表达，亦不影响它的“传播与溢价能力”。

如苹果、小米的商品包装，没有太多复杂的材质与工艺，也没有过于复杂的设计，只是以简单、大气的风格，精致的品质，在体现其品牌气质的同时，引领着行业前行；如“江小白”的商品包装，没有传统白酒的高档材质与复杂工艺，只是以其人格化的卡通形象，与人们亲切地沟通、互动，在节省包装成本的同时，成为商品有效的营销策略，带动品牌成长和商品销售。

事实上，一个优秀的商品包装，它可能需要一定的设计创作，但不能只为了精美的视觉效果而设计；它可能需要一定品质的材质与工艺，但也不能为了提升它的档次，而追求形式、材质与工艺上的复杂性与高端性。它的创作目的，可能是为了保护商品的流通，提升商品的溢价能力；可能是为了使商品在实体店铺的货架陈列中脱颖而出，驱动人们的购买欲望；也可能是为了在通过快递、物流后，赢得人们收到商品后的第一印象认可，驱动口碑传播。但同时，它却更应该成为传播品牌定位、思想、风格、气质的有效工具，系统性地带动品牌符号成长，积累品牌价值。甚至成为一个品牌有效的营销策略，带动品牌成长与商品销售。

如可口可乐的“昵称瓶”“台词瓶”“城市罐”，江小白的“表达瓶”，褚橙的“励志包装”，三只松鼠的“萌式包装”，绝对伏特加的“极简包装”等，这些商品包装，没有太多复杂的材质与工艺，也没有过于复杂的设计，但这不影响它们对品牌定位、思想、风格、气质的传达，不影响它们的传播与溢价能力。这些商品包装成为对应品牌独特的营销策略，驱动人们主动拥护和口碑传播。

实体空间。实体空间，泛指商业经营中，支撑商业行为的购物中心、超市、商场、专卖店、形象店、展示店、餐厅、咖啡厅、酒吧、休闲会所等实体店铺。对品牌而言，它不仅承载着商品销售的作用，更影响人们在体验时对品牌的认知与认可。

随着互联网对商品信息的透明化，消费者心理趋于理性。除了一些高星级酒店或高端消费场所，奢华空间本属于商品的一部分之外，对于大部分行业中的实体空间创作，同样不需要高档材质和过度的豪华装修。因为，比起奢华的销售场所，人们更关心商品的品质和实惠的价格。

大部分行业的实体空间创作，首先是要求简约、极致，以此得到人们在消费体验时的认可。其次，实体空间创作亦是基于品牌定位、思想、形象等根基进行的延伸与创作，让人们在体验中提升对品牌的认知与认可，带动品牌基础符号的成长，自身也能成为人们熟知的品牌延伸符号。

一个实体空间，缺乏有效的品牌根基支撑，同样缺少与人们沟通的“温度”与“灵魂”。这让品牌不同的实体之间，缺乏连贯性和统一性，削弱相互影响的连锁效应。通常来说，如果只是个体小店或试错项目中的实体空间，可以无须涉及太多的品牌根基构建，只需让人们感觉舒适、干净即可。一旦上升到品牌创造和连锁经营时，就必须基于品牌定位、思想、风格、气质，延伸品牌的名称、标志、象征图形、颜色等基础符号，以统一的风格、视觉、材质、装饰等形象呈现。

如在生活中，我们经常接触 7-ELEVEn、沃尔玛、星巴克、维也纳酒店、建设银行、招商银行、广发银行、平安银行、麦当劳、肯德基、必胜客、真功夫、苹果、欧莱雅等品牌的实体商业空间，我们可以清晰地看到，在它们的每一个实体空间中，从店招、玻璃提示带、灯光、展示柜、天花吊顶、地板、墙饰、台卡、指示牌，到服务人员的服装、胸牌，宣传所用的海报、直投广告单，甚至是角落里的垃圾筒，都同样在延伸着品牌的名称、标志、象征图形、颜色等基础符号，传达着统一的品牌的定位、思想、风格、气质。这在赋予实体空间优越体验感的同时，让人们对品牌产生进一步的认知与记忆，同时为品牌带来传播收益和价值积累。

三、品牌符号，在系统执行中得到最大的成长与最高的价值

品牌，是抽象的。品牌的定位、思想、文化，同样是抽象的。让人们准确地认知和记忆品牌，让品牌占据人们的心，并让人们在产生相关需求，或听到、看到品牌的相关事物时，能对品牌产生联想的具体事物，是它的文字、颜色、数字、素材、图形、视频、包装、空间等品牌“符号”。

如当我们听到肯德基时，可能联想到它和蔼可亲的老人头像；听到麦当劳时，可能联想到它红色的招牌；听到可口可乐时，可能联想到它神秘配方的品牌故事；听到红牛时，可能联想到它“困了累了，喝红牛”的广告语；听到星巴克时，可能联想到它舒适的实体空间；听到“江小白”时，可能联想到它的“表达瓶”；听到“三只松鼠”时，可能联想到它可爱的卡通人物。

它们既是可以让人们对品牌产生联想的具体符号，同时又是可以被人们引为代个性、思想、情绪、气质、性格、信仰、兴趣、爱好、知识、能力等某个层面“发言”的“代言物”。与此同时，它们既是可以让人们产生准确认知和记忆的一个“点”，又是品牌系统中的一个部分。它们以统一的文字、颜色、数字、素材、图形、风格进行创作，以统一的定位、思想、形象进行传播，与品牌的其他“点”构建成一个系统。而品牌系统中的每一个“点”与“符号”，亦在系统性的执行与传播中，得到最大的成长与最高的价值。

随着互联网技术的发展，人们对事物、资讯、知识等信息，得到了前所未有的普及与认知。为此，在商业中，我们也不难发现，一些企业经营者，总能找到

或想到一些“奇特”的点子与方法。但在这个“智商过剩”的互联网时代，对大部分企业经营者而言，缺的并非某个点子与方法，而是系统性的思维与方法，以及将它们坚持做到极致的“匠心”。

品牌符号，首先是基于人们日常生活之中熟悉的具体事物、符号进行创作。但品牌中诸多看似不同，亦在品牌中担当不同角色、发挥不同作用的基础符号、延伸符号，它们的创作，却非企业经营者“心血来潮”“突发创意”，“打补丁”式创作——今天发现张三家的标志不错，于是引以模仿；明天发现李四家包装出色，于是引以借鉴。

你可以模仿，可以借鉴，可以学习别人的优点进行组合、创作，但不能片面性地为了改进、完善某个点而进行创作。而应似盖高楼、建大厦，从稳固的地基开始，系统性地规划和创作。以统一的文字、颜色、数字、素材、图形、风格进行创作，以统一的定位、思想、形象进行传播，将品牌中不同层面“点”与符号，构建成一个系统。让品牌中的不同符号，得到系统性的成长。

在互联网的冲击下而“碎”成一地的商业时代，我们更需要基于品牌的定位、思想，将品牌的名称、标志、象征图形、颜色、商品包装、实体空间等每一个“形象”，品牌的官方网站、宣传片、宣传册、宣传海报、商品包装、PPT 幻灯片、折页、名片等每一个传播工具，以及品牌的商品创造、营销方法、服务策略等每一个看似发散的点，聚焦为一个中心点，构建为一个系统。让人们接触到品牌的每一个点，都是同一个认知，形成统一的记忆与联想。让品牌成为被人们统一、准确地认知、记忆、认可和传播的符号和“代言物”，得到系统性的执行和沉淀，更高效地积累品牌价值与资产。

第五篇

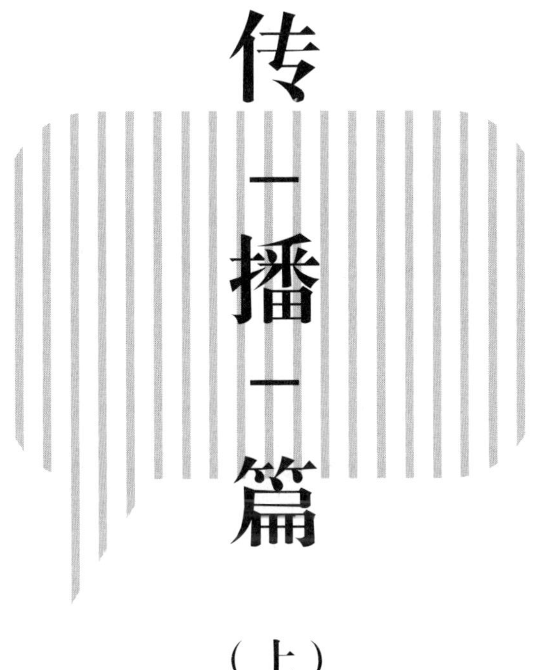

传播篇

（上）

品牌裂变传播前的预热与思考

品牌根基，虽然对品牌创造有着重要的影响和意义。但一个品牌，能否产生市场价值，成为企业的最大资产，取决于它是否得到人们的认知与认可，即取决于品牌在经营中的传播强度。通常来说，一个品牌，传播的频率越高，经营积累的时间越长，能对其产生认知与认可的人群也可能越多，所产生的价值与资产也可能越大。但这只是一个相对值。

当一个品牌，在系统性地构建三点合一的品牌根基后，我们并不能直接将其大幅度地传播，而必须经过一定的预热与准备，让品牌在传播中得到人们更有效的认知与认可。在减少品牌传播成本与高效积累价值的同时，避免在品牌广泛的传播中，带来不良的负面影响与风险。

品牌预热期，我大体把它分为：品牌核心文案的策划与撰写、品牌工具的创作与打造、品牌信息的铺垫与预埋，以及小步试错，裂变传播四个部分，并根据对应顺序进行阐述。或许，能让你对抽象、复杂的品牌信息在变幻莫测的互联网时代中，如何更有效地得到人们的认知与认可，有进一步的理解和掌握。

第一节
品牌传播前四个层面的预热工作

品牌，是抽象、复杂的。为此，在品牌创造中，我们需要将其转换为简单、具体的文字、视觉、数字、素材、图形、言语等形式，以此得到人们更好的认知与理解。在前面的篇章中，我们探讨了将品牌的定位、思想转换为符号化的视觉形象，在本篇中，我将与你进一步探索将品牌的定位、思想转换为简单、具体的文字内容，并将它们创作为易于人们认知与理解的品牌工具的方法。

一、品牌核心文案的策划与撰写

在品牌传播中，除了视觉形象部分，被运用最多的，应该是支撑它传播的文案。与品牌相关的文案有很多，除了可以成为符号化的品牌名称，以及后续篇章中阐述的品牌故事、话题等内容创作中的文案等，还有一部分是仅次于品牌名称、在品牌传播中应用最频繁的“品牌核心文案”。

品牌广告语的策划与撰写。品牌广告语，不等同于品牌定位语。品牌定位语，通常只是告诉人们品牌所选择、定位的细分领域。品牌广告语，又称为品牌核心诉求、品牌口号等，它更多是品牌思想、品牌核心价值、品牌核心竞争力的文案体现形式。品牌广告语，通常不超过 15 个文字，越是简单、具体，越易于得到人们的认知与记忆。

在生活中，我们不难发现一些大企业、大品牌在广告宣传中，运用包容性较强、偏于面面俱到的广告语，如李宁“一切皆有可能”、可口可乐“这就是可口可乐”、飞利浦“让我们做得更好”、联想“世界因联想更美好”、诺基亚“科技以人为本”等。但它们却非不妥的广告语。因为，这些大企业、大品牌，已得到人们一定程度上的认知。因此，它们的品牌广告语尽管包容面宽泛一些，也不影响传播效果。不少企业在品牌初创期，对此有错误的认知，盲目地效仿，喜欢追求一些大而全、面面俱到的品牌广告语。

事实上，一个品牌的广告语，并非一成不变。它可能伴随品牌的发展而变化，甚至有主有次、有长有短。在不同的传播载体，都可能运用不同形式、语言的广告语。同时，它又必须是万变不离其宗。在变化的同时，应该谨记品牌的定位与思想。

如可口可乐，从品牌初创期曾使用的“新鲜和美味，就是可口可乐”“可口可乐，带来精力，使你充满活力”“一扫疲惫、饥渴”“可口可乐，给你带来最佳状态”等广告语，到近几年所使用的“激情在此燃烧”“要爽由自己”“畅爽开怀”“积极乐观、美好生活”“这感觉够爽”等广告语，我们可以看到，其广告语的使用，前期同样以具体用词为主，后期包容性相对较大。但自始至终，谨记表达品牌给人们带来“爽”的美味和状态。

除此之外，亦有针对竞争而创作的广告语。如百事可乐曾推出的“这就是百事，它属于年轻的心”“奋起吧，你就属于百事新一代”“让自己充满活力，你是百事新一代”等以挑战为主题的广告语，使对手销量下降，有力增强了百事可乐的品牌影响力与商品销量。

品牌广告语的创作，无论是中小品牌，还是大企业、大品牌，都应该尽可能运用简单、具体的文案。模棱两可、面面俱到，“高大上”的官方、书面式，以及深奥且让人费解的广告语，通常都会在品牌传播中，造成一定的认知阻碍和不必要的浪费。越是简单、具体，越易于号召人们参与和行动。

如哈根达斯“爱她就请她吃哈根达斯”、娃哈哈“喝了娃哈哈，吃饭就是香”、脑白金“今年过节不收礼，收礼还收脑白金”、大宝“要想皮肤好，早晚用大宝”、加多宝“怕上火喝加多宝”、红牛：“困了累了喝红牛”、小米手机“为发烧而生”、旺旺“你旺，我旺，大家旺”、益达“饭后嚼两粒”、六个核桃“经常用脑，多喝六个核桃”、饿了么“饿了别叫妈，叫饿了么”等品牌广告语，不仅让人们对品牌与商品信息快速产生认知和记忆，清晰理解自己参与的动力、目的、好处、利益，更号召人们在什么时间、情况下应该参与和行动。

品牌利益点的提炼与撰写。品牌利益点，在某种意义上亦可称为商品卖点，有时也可能高于商品卖点。即一个品牌或商品给人们带来的利益、好处、价值、优势、特点等。品牌利益点，与品牌广告语相似，但不等同于品牌广告语。

品牌在同一时期，通常只会有一句品牌广告语，它可能体现品牌思想，也可能体现品牌或商品给人们带来的核心价值、利益。除此之外，还需要提炼、撰写更为详细的品牌或商品层面的利益点，点明品牌或商品给人们带来的利益、好处和其价值、优势、特点，让人们对品牌或商品产生进一步认知与认可。

如小米，品牌广告语为“为发烧而生”，也有“1 600 万柔光自拍”“全面屏、全陶瓷”“5.5 寸护眼屏”“远处声音也清晰”等品牌利益点；脑白金，品牌广告语为“今年过节不收礼，收礼还收脑白金”，也有“易吸收才是真的好”“男女通用，适合大多数失眠人群”等品牌利益点。

品牌利益点，是对品牌广告语的补充，也是对品牌与商品更为详细的阐述。其数量与字数虽然会多于品牌广告语，但同样需要简单、具体呈现。在数量上一般 5 条左右为宜，在字数上一般 20 字以内为宜，也可以用一个简短标题搭配数十字以内的文字说明。

品牌支撑点的提炼和撰写。品牌支撑点，即品牌利益与价值的支撑点。对比品牌的广告语、利益点，品牌支撑点是最容易被企业忽视，却又是在品牌核心文案中，最能让人们对品牌产生信任与认可的重点内容。在市场营销中，我们通常懂得挖掘定位人群的痛点，懂得告诉人们品牌与商品的优势、特点，以及它们给予人们的价值、利益，却忘了你凭什么给予人们这些价值与利益，人们又凭什么相信你给得到。这一切，往往取决于你是否具备赢得人们信任的品牌支撑点。

品牌支撑点，通常源于三个层面。一为企业层面，即企业背景、规模，研发、生产能力，生产理念、服务理念，发展历程、团队能力、过往经验、成功案例、合作伙伴等。二为商品层面，即商品原料、产地、材质、技术、配置、成分、工艺、工序等。三为外部认证层面，也是最具有说服力的层面，即品牌所取得的第三方认证资质、授权荣誉，用户评价等。每一个点都可能成为让人们相信你的支撑点，亦可能成为一个品牌故事、话题，帮助品牌传播。

如雕爷牛腩，从 500 万元一张的牛腩秘制配方，到配送米饭所选择的日本越光稻、蟹田糙米、泰国香米，以及为男性顾客提供的西湖龙井、冻顶乌龙、茉莉香片、云南普洱，为女性顾客提供的洛神玫瑰、薰衣草茶、洋甘菊茶，再到甄选的缅甸鸡翅木所制、可当礼品带走的全新筷子，由乌兹钢锭锻造的中式菜刀，以及手感好、方便卡住汤勺的专利碗，菜单的点单顺序、更新节奏等细节，毅然支撑着雕爷牛腩“轻奢餐”的品牌思想与特点，让人们可以相信雕爷牛腩能给到自己“轻奢”的体验与价值。同时，这也成为雕爷牛腩的品牌故事与话题，被人们传播。

如果说，品牌利益点，是告诉人们品牌与商品的优势、特点，让人们认知你可以给他们带来哪些价值、利益。那么，品牌支撑点，便是让人们看到你不是在“王婆卖瓜”，自吹自擂，让人们能够相信你可以给到他们相关的价值、利益。品牌支撑点，可以有适度的渲染，但切勿过度包装。越是翔实、具体的品牌支撑点，越可能得到人们的信任与认可。

品牌核心文案，除上述要点，还有品牌的定位语、简介、故事、商品参数等。它们的创作，虽然是在品牌大幅度推广传播之前，但并非一成不变，而应随着品牌与商品的发展进行有效的调整、优化。品牌核心文案的策划与撰写，切勿为了贪图便宜与省事，依赖普通的编辑人员或设计制作机构，最好由企业核心人员亲自完成，毕竟他们最了解自己的品牌与商品。如果一定要依靠第三方，必须是与企业长期合作或深入调查过企业的专业策划人员。因为，品牌核心文案的优与劣，同样决定着品牌在后期的经营与传播中，能否有效减少成本和高效积累品牌价值。

二、品牌工具的创作与打造

一个品牌，有了三点合一的品牌根基，有了清晰的品牌定位、思想、形象，以及便于人们认知、记忆与信任的品牌核心文案。此时，品牌依然是抽象和散乱的。它们需要一些承载工具，才能被人们更简单、具体地认知与认可。

品牌工具，也可视为品牌这个抽象概念走向实物化、实景化的承载工具。它们让人们可以更真实、直观地认知品牌，更为综合、具体地了解品牌根基、品牌核心文案，以及企业与商品相关信息。在第四篇中，我们曾探讨的商品包装与商业空间，亦属于品牌的承载工具。除此之外，以下的几个品牌工具，同样可以让品牌得到人们更简单、具体的认知与认可。

官方网站。在传统的商业时代里，企业通常片面地认为，“实体”指的就是线下实体，即企业在现实世界中的办公环境、生产车间、商业空间、团队成员、实体商品等。到了互联网时代，这个“实体”诚然也发生了一定的变化，不再仅限于线下的实体。在线上、在互联网的虚拟世界中，同样需要能让人们对企业、品牌进行了解，并产生信任与认可的“实体”。这个“实体”，首先便是一个企业或品牌的官方网站。

官方网站，可以是一个企业包含多个品牌的官方网站，也可以是一个品牌独立的官方网站。企业必须要有清晰的架构与内容规划，能够把品牌根基、核心文案、商品信息等汇集于官方网站；把线下拥有的办公环境、生产车间、商业空间、团队成员、实体商品等的相关信息，通过图片、视频等形式，“搬”到官方网站上。由此，构建企业或品牌在虚拟世界中的“实体”，让人们可以跨越空间限制，在互联网的虚拟世界中简单、快速了解品牌相关的定位、思想、利益点、支撑点，并通过企业或品牌的视觉形象延伸，以优越的视觉效果与细节体验，适度的渲染、修饰，让人们在互联网的虚拟世界中，对企业与品牌产生进一步的认可。

官方网站的创作，首先不能一味图省钱、省事，甚至套个模板了事；不能把网站当作企业与商品信息的堆砌窗口。其次，在功能上，必须结合企业的实际情况，尽可能简化自己力所不及的附加功能。如“留言板”功能，必须考虑有没有客服人员及时查看后台和回复；“商城”功能，必须考虑有没有完善的交易系统、商品细节，以及获取高流量的运营能力。同时，在网站的结构上，不能过度追求所谓的“创意”，你可以有适度的创意和差异，但必须符合人们的浏览习惯，尽可能让人们在网站上少浪费时间。

官方网站，既然是企业与品牌在虚拟世界中的一个“实体”，在它的创作上，我们同样需要像现实世界中的“实体”创作，给予足够的重视与付出相应的投入。事实上，一个优秀官方网站的创作成本，与线下的办公环境、商业空间等实体的创建成本相比，是微不足道的。但在人们越来越依赖网络的互联网时代，官方网站给企业与品牌所带来的影响和收益，却可能不亚于线下的实体。

宣传画册。互联网，改变了人们的阅读习惯，却不能在短时间内完全取代人们千百年来养成的阅读纸质书籍习惯。如获取知识，我们有电子书、音频、视频，但这些依然取代不了纸质书籍；如获取企业与品牌信息，我们有官方网站，亦有互联网中多种形式的渠道和工具，却依然取代不了能让人们更为直观地对企业与品牌进行了解的纸质画册。

宣传画册的分类有很多。如企业宣传画册、品牌宣传画册、商品宣传画册及综合型的宣传画册。无论哪一种，都是在一定程度上，把品牌根基、核心文案、企业信息、商品信息，或主或次地汇集于纸中，以便人们更为直观地了解与认知。

随着互联网的发展，人们对企业与品牌信息的了解，有了更多的渠道和工具。宣传画册在商业中的作用，也发生了一定的变化。首先，它对于一个企业与品牌来说，是不可或缺的，因为在一定程度上，它能代替市场人员的阐述工作；其次是数量不一定要多，但品质一定要足够优秀。因为，今天的宣传画册，一般只在市场人员拜访客户，或在展会等活动中用于影响意向客户的购买与合作，对于其他客户，通常可以采用其他品牌工具代替。

一本宣传画册的优秀，主要体现于两个层面。一为策略层面：通过清晰的架构与内容规划，专业、真实的图片素材，以图文并茂、主次分明、图表搭配等设计策略，让人们可以快速地了解企业与品牌的相关信息；二为视觉层面：通过延伸企业和品牌的视觉形象，以“极致”的视觉体验，与精致的材质、工艺等细节搭配，让人们感受到企业和品牌的实力所在，影响潜在客户对企业和品牌的认可，进而使他们产生合作、购买意向。

宣传片。每个市场人员，可能都有过这样的经历，同样的信息内容，每一次向客户阐述时，受自身的状态或外部因素影响，所传达信息的清晰度，以及对方能够接收到的信息与认同感，却是不尽相同。此时，你可能需要一个视频工具——一部宣传片，在会议、展会、活动等场景中，代替市场人员统一地阐述企业与品牌的相关信息。

宣传片的分类，同样有多种形式，如企业宣传片、品牌宣传片、商品宣传片，招商宣传片等。在创作时，亦需要根据宣传片的不同类型，把品牌根基、核心文案、企业信息、商品信息，或主或次地汇集于其中，通过脚本策划、拍摄、剪辑、配音、配乐等创作，以便人们更为直观地了解与认知。

一部优秀的宣传片，不仅能够比市场人员更综合地阐述企业与品牌信息，且语言更为简练、生动，能让人们在更短的时间之内，快速了解企业与品牌的相关优势和信息。同时，通过策略性的渲染与修饰，更能进一步地提升企业与品牌形象，增强人们对企业与品牌的认可度，使人们产生合作、购买意向。

在传统的商业环境中，品牌工具是相对单一的。随着互联网技术的发展，品牌工具也变得多元、丰富。除上述所列举的品牌工具，亦有PPT幻灯片、计算机应用软件、微信公众号、官方微博、天猫商城、京东商城等让人们了解企业信息、品牌根基、品牌核心文案和商品信息等的品牌工具。

面对层出不穷的品牌工具，我们同样不能为了追求某种概念、潮流，从而进行品牌工具的创作。在我看来，一个品牌在成立之初，除了官方网站、宣传画册、PPT 幻灯片等基本层面的品牌工具之外，其他都应该结合品牌运营时的实际需求进行创作。

随着大众创业的浪潮，以及人们消费能力、观念的升级，对品牌工具的评价，往往不在于你是否拥有，而在于你是否比别人做得更优秀。在品牌工具的创作中，我们同样需要以工匠般的精神，做好其中的逻辑、架构、版面、图片、图形、文案、字体、间距、色彩、材质、工艺等每一个细节，尽可能给予人们优越的体验，以此得到了人们第一感觉的直观认可，让品牌工具在众多竞争对手中脱颖而出。

三、品牌信息的铺垫与预埋

品牌信息的铺垫与预埋，是随着“网络求知依赖症”产生的工作内容。新型消费者，在遇到一个不太确定的品牌与商品时，可能到网上搜索，看看别人对它的评价，并以此作为认知参考，甚至是购买、合作的行动依据。因此，企业除了构建官方网站，更需要在互联网的第三方平台铺垫与预埋品牌相关信息，以此提升人们对品牌的认知与认可。

品牌信息的铺垫与预埋，其主旨不在于能为品牌带来多少流量，而在于当品牌大幅度传播推广后，人们无论在互联网上通过何种渠道、方式，都可以接触品牌相关信息，进一步查证品牌的真实度与可信度。

在网络中“求知”最常用的方式，莫过于“搜索”。如在“淘宝”中对商品的搜索，在“安居客”中对房源的搜索，在“人人车”中对车源的搜索等。目前人们在搜索中文商品信息时依赖的，莫过于中文信息覆盖面最广，且最为综合的“百度”搜索。因此，品牌信息在互联网上的铺垫与预埋，我们主要可以通过以下两种方法进行。

其一，在百度产品中，进行品牌信息铺垫与预埋。以搜索功能为主的百度搜索，其本身是没有信息的。但为了让人们在百度搜索栏中寻找到的信息更具有可靠性与实用性，百度一直在构建自身产品，覆盖多个领域和类型。如人们熟知的百度图片、百度新闻、百度知道、百度百科、百度文库、百度地图、百度音乐、百度视频等，且百度自身的产品，往往都排列于搜索结果的前端。

为此，在互联网上铺垫与预埋品牌信息，百度相关产品诚然是企业的首选渠道。可构建品牌的百度百科、百度地图，在百度知道、百度文库等产品中发布品牌相关信息等。当然，今天借助百度产品铺垫与预埋品牌信息，显然增加了一定的门槛和难度，但并非百度产品不再需要增添品牌信息，而在于你所发布的品牌信息是否足够真实、可靠，是否具有有效的参考和实用价值。

其二，在门户网站中，进行品牌信息铺垫与预埋。当人们在百度中搜索“求知”时，百度给人们的，除了自身产品的答案，便是其他网站的答案。其中包括企业与品牌的官方网站，以及较权威的门户网站。

门户网站所包含范围很广，严格来说百度也属于一种门户网站。它包含新闻信息、娱乐资讯，行业信息、商品供求、经验分享、知识点评等类型的网站。目前中国主要有新浪、网易、搜狐、腾讯、人民网、凤凰网、大公网、中华网、虎嗅网、今日头条等以新闻资讯类为主的门户网站，以及 58 同城、赶集网、百姓网、列表网、好喇叭网、得易搜等以分类信息为主的门户网站。

通常来说，一个优秀的门户网站，不仅拥有丰富的内容和自身的流量，还有一定的权威性。当人们在百度等工具中搜索“求知”时，这些网站的答案也往往能取得靠前的排名。因此，门户网站也是企业在互联网上铺垫与预埋信息时，尤为重要的渠道。

在门户网站铺垫与预埋信息，看似多而复杂，其核心无非在于文字内容的发布。在门户网站中铺垫与预埋品牌信息，亦被企业称为“软文”发布。但它不能是纯粹的广告内容，而更多是客观性地分享品牌相关领域的专业观点、经验，并适度融入品牌相关信息，在为人们带来有效的参考和实用价值的同时，使人们增强对品牌的认知和认可。

对于新闻资讯类的门户网站，有更高的内容创作要求，人们对它们的信任程度也相对较高。同时，我们也可以通过在分类信息、行业资讯等门户网站中注册账号等简单、有效的方法，发布品牌与商品相关信息。当然，无论基于何种方式，它们能否出现在“搜索”结果的前端，同样在于你所发布内容的可靠性与实用性，以及你所选择网站的权威性。你不能发布纯粹的广告内容，甚至通过所谓的“万能”软件，制造大量“网络垃圾”。

互联网，让品牌带来低成本传播与快速成长的同时，也为品牌带来被“负面攻击”的可能性。在互联网时代经营品牌，有时是非常脆弱的。即使企业经营者兢兢业业，偶然的一次过失，又或是同行、个别网民的“攻击”，都可能让品牌的多年沉淀付之一炬。这也使得企业对危机公关重视。

品牌，以“人格”赢得人们的拥护与原谅，有效的预防可以在一定程度上阻止危机的出现。通过提前在互联网上进行品牌信息的铺垫与预埋，虽然不能完全阻止他人的“攻击”，但因搜索引擎能在一定程度上抢占先机，可在人们搜索品牌信息时，提前铺垫与预埋的正面信息，得到排名靠前的机会，也在一定程度上阻止“负面攻击”信息悉数呈现于人们眼前。

四、小步试错，裂变传播

一个品牌，构建根基，以及核心文案、工具的创作，通常来说越早越好，可以让品牌的经营、传播等工作，得到更早的积累与沉淀。但对于品牌传播，我们需要懂得先小步试错，进而大幅度地投入推广和传播。

品牌传播，花钱是必然的。虽然比起传统依靠大幅度广告“轰炸”的品牌创造方法，互联网给了我们更多低成本的机会和选择，但与此同时，互联网技术的发展，也让相应的传播策略、方法产生快速变化和时效性。

在传统商业环境中，品牌的传播，无非电视、广播、报纸、杂志、户外广告等媒体渠道，传播的策略、方法，虽有变化，却不似今天如此快速。通常一个传播渠道、策略在数年之内不会有太大的变化。此时，人们所接触的信息也相对受限，让企业与传统的品牌服务机构，可以在传播中得到相对有效的经验积累。

互联网的发展、人们接触信息数量的加剧，以及层出不穷的互联网媒体和人们阅读习惯等改变，让传统的品牌传播渠道、方法，收效每况愈下。伴随互联网诞生的传播策略、方法，更是日新月异。同样的传播策略、方法，所带来的收益与变化，可能不是年度与年度之间的区别，而是月度与月度之间都迥然不同。

因此，在今天的商业环境中，我们既不能完全借鉴于他人的传播经验与方法，亦很难有一个传播媒体、方法能长期持续有效。企业应懂得小步测试，进而大幅度地裂变传播。因为无论哪一种传播策略、方法，都可能没有最好，只有更好。

没有最好，只有更好，是指在传播品牌中，无论如何周密计划、设想，都可能存有不足之处；亦指企业通过实际的传播推广，并在每次的传播中，进行经验总结，对不足部分进行调整与改进，对可行部分进行保留与延续，致使品牌传播效果越来越好，并根据测试结果，以及企业实际能力、需求，循序渐进投入更多的资金，进行大幅度地裂变式传播。

与此同时，我们更不能盲目跟风一些“概念”性的流行方法，而应该抓紧本质性的方法与策略。如商业的本质、品牌的真谛、人的本性，以及唤起人们的共鸣、驱动人们对品牌主动拥护与口碑传播的本质性方法与策略等。找到品牌传播中的不变本质，与时俱进地完善传播策略、方法，才能更好地取得持续性的成功。

因此，在本书后续的第六篇中，我同样尝试以自己的学习与实践，与你共同探索当下乃至未来在品牌创造、传播中，能够持续借鉴的本质性策略与方法，而非流行一时的“概念”性方法。

第二节
传统媒体与销售渠道的重新思考

早在我接触互联网的那天，业内已然在流传“要么电子商务，要么无商可务”的商业“格言”，这导致企业经营者大规模撇弃传统的实体销售渠道，涌进投入更低、涉及面更广的互联网销售渠道。近些年来，我也曾多次听到企业经营者谈起传统媒体的“无用”论。甚至在前面篇章中，我也一再提起，今天的品牌创造与传播，不能再依靠传统的方法。那么，在互联网时代，传统的媒体与销售渠道，真的“无用”吗？又或者应该如何有效地运用呢？

对传统媒体与销售渠道的重新思考，不完全属于品牌预热期的工作内容。但掌握传统媒体与销售渠道在互联网时代中的运用策略与技巧，亦可以在品牌传播裂变期，得到一定的帮助与收益。

一、传统媒体的重新思考

传统媒体，是相对于互联网媒体而言的媒体，主要以电视、报纸、广播、杂志四大媒体为主，亦有公交站台、公交车、高速路牌、电梯广告等媒体。对比互联网中的搜索网页、微博、微信等媒体渠道，传统媒体在一定程度上受时间和空间局限，且投放成本高、反馈慢，通常“浪费”企业的广告投入。

随着互联网发展，我们不难发现，一些新生事物、品牌，通过互联网中的微博、微信、一直播、抖音等媒体，以极低的费用投入，可短时间内快速成长。对比之下，传统媒体似乎真成了“无用”的媒体。

我们在谈论着传统媒体“无用”论的同时，身边的电视、广播、公交站台、电梯之中，依然充满着各种形式的商业广告。难道投放这些广告的企业真的只是在做无用功，真的只是在浪费钱吗？

2007 年拿下戛纳国际广告节大奖的 Dove（多芬）广告片《蜕变》，描述了一个相貌普通的邻家女孩，经过发型师、化妆师的包装，以及电脑对照片处理后，登上街头的广告牌，成为让人们羡慕的美女的故事。当将这个美女的蜕变真相，通过 YouTube（优兔）、博客等互联网媒体传播时，得到了人们数以亿计的点击和关注，它有效地呈现了 Dove（多芬）品牌“简约而真实的美丽理念”，让更多女性找回了自信，鼓励她们珍惜自己独有的美丽。

而 2014 年中央电视台春节联欢晚会的小米广告片《我们的时代》，以第一人称的视角，通过几个典型的画面表现，展示了年轻人的世界——一个充满活力、永远向前的世界，唤起众多年轻人的共鸣，形成积极、踊跃的传播与热议，在互联网的各大社区、媒体中广泛传播。这不仅让小米品牌进一步强化了为年轻“发烧”群体而生的品牌思想，更得到电视媒体之外的巨大流量与传播收益。

我们不难发现，近年来诸多在传统媒体投入的广告，通过我们的微博、微信朋友圈，再一次出现在人们眼前。如“中国驰名商标”百雀羚，除了在电视媒体中与《中国好声音》牵手投放传统的电视广告，更是联合线上微博、微信等媒体，推出《四美不开心》《俗话说得好》《你应该骄傲》等视频广告，以及《一九三一》的长图广告，被人们称为刷遍朋友圈的“神”广告。而 I Do（婚戒品牌）的《结婚了，让我们练爱吧》视频广告、大众点评 · 丽人频道的地铁站平面广告、金龙鱼刊登在《深圳晚报》头版的“一瓶油 2 万，谁干的”广告、酷狗“就是歌多”的公交站台广告、海尔的“扎心文案”超市海报等，同样在互联网中得到进一步的广泛传播，为品牌赢得传统媒体之外的流量与收益。

因此，我们不难发现，今天的传统媒体，并非无用，关键只在于你会不会用。事实上，片面谈论传统媒体“无用”的企业经营者，在一定程度上亦缺乏对品牌投入的意愿和持久经营的心态，只希望借助于互联网媒体的低成本，甚至是“噱头”创作，让品牌在零投入的前提下，一夜成名，快速崛起。

那么，在互联网时代，我们应该如何更好地对传统媒体进行有效应用呢？在我看来，今天大部分企业对于传统媒体，既不能不用，亦不能过度使用。传统媒体经过一百多年的普及与沉淀，已然在人们心中建立一定的权威，获得人们的认可，而且正因它有着比互联网媒体更高的投入成本和门槛，通常来说，会比互联网媒体更具有权威性。

对于传统媒体的广告投放，我们首先要懂得借力于它被人们认可的权威性，让它为品牌背书，成为品牌的支撑点，从而提升人们对品牌的信任度。其次，企业在传统媒体中所投放的每一个广告，都不能仅限于在投放媒体中产生收益，而更多是将它们置入于品牌的官方网站、宣传画册、PPT 幻灯片、官方微博、微信公众号等品牌工具之中，增强人们对品牌信任度；并将它们转载于互联网媒体之中，通过微博、微信、优酷、爱奇艺、新浪、搜狐、网易、腾讯等媒体和网站，进行二次传播；让传统媒体与互联网媒体，形成一个互补、互动的犄角之势，提升它的传播效果与品牌收益。

与此同时，今天在传统媒体中的广告投放，亦对传播内容的创作有了更高要求。从一个视频广告的脚本、一张平面海报的主题，到其中采用的明星 IP，再到广告语、版面布局、色彩搭配等细节，除了被人们简单、具体地认知与记忆，更要求它能唤起人们的共鸣，能驱动人们在微博、微信、QQ 空间、贴吧等社交媒体中主动地转载和传播。传播内容的优与劣，几乎决定了广告投入的“浪费”程度，亦决定了对应媒体的“有用”程度。缺乏有效的传播内容创作，无论是传统媒体，还是互联网媒体，都可能是“无用”的媒体。

二、传统销售渠道的重新思考

传统的销售渠道，同样是相对于互联网中的天猫、京东、唯品会、1 号店、有赞、美团、饿了么、拼多多等线上商城而言的实体渠道，包含购物中心、超市、商场、专卖店、社区店、餐厅、酒吧等线下的商品流通、交易渠道。

随着互联网的发展与人们消费习惯的改变，我们可以看到一条条购物街的褪色，也能听到诸多零售品牌店大规模关店的传闻。对比线上商城，传统的销售渠道亦有投入成本高、风险大、受空间限制等不足。因此，被一些经营者视为落后的渠道，以致人们大规模摒弃传统销售渠道，涌入投入更低、销售涉及面更广的线上商城。那么，线上商城真的可以替代线下渠道吗？在互联网时代，我们又应该如何更好地掌握与运用传统销售渠道呢？

2016 年 10 月，曾与万达集团董事长王健林对赌中国电商零售市场份额将占 50% 的阿里巴巴创始人马云，在阿里云栖大会上第一次提出“未来的十年、二十年，没有电子商务这一说，只有新零售”的观点，并指出只有线上、线下和物流结合在一起，才会产生新零售。这似乎再一次提醒我们，线下仍然是商业中不可或缺的销售渠道。

互联网从业人员有“与其在线上聊十次，不如在线下见一次”的观点。因为，对比线上商城而言，线下销售渠道最大的优势，在于它给人们带来真实体验，增强了彼此之间的信任度。

或许是因为人们几千年沉淀下来的沟通习惯，或许正如罗振宇所言“通过电脑、电波、无线互联网等交流方式，永远都会有八分之一秒的延时”，又或许是线下渠道能给人们带来更真实的细节体验，在高速发展的互联网时代，我们可以看到传统的销售渠道，依然屹立在人们身边，承担着商品流通中的不同角色，有着不同的价值。

它们不仅限于餐厅、咖啡厅、酒吧、休闲会所等相对需要实体空间支撑的行业。食品、化妆品、服装、家具、数码等行业，可能大部分都是通过线上商城交易，但在线下的沃尔玛、家乐福、天虹商场、红星美凯龙、百安居、国美、苏宁、7-ELEVEn、美宜佳等渠道中，依然布满它们的身影，甚至设有专柜、形象店和体验店。

同样，我们也可以看到诸多原本以互联网为主要销售渠道的品牌，开始涉足传统的销售渠道。如小米品牌成立了直营客户服务中心“小米之家”，“三只松鼠”开设了社区体验店，“江小白”在线下大量铺设商超、餐厅等销售渠道。与此同时，在天猫的推动下，茵曼、七格格、阿卡等淘品牌，开始布局线下实体门店。对此，我们不难看出，传统的销售渠道，并非没有运用价值，关键在于是否懂得运用新的思维与方法经营传统的销售渠道。

在对传统销售渠道的运用中，我将传统销售渠道分为两种类别。

第一种：第三方实体渠道。即沃尔玛、家乐福、天虹、新辉超市、红星美凯龙、百安居、国美、苏宁、7-ELEVEn、美宜佳等。它们之所以取得今天的成功，除了运营能力，亦因为其对商品进入门槛的审核机制。由此，也形成了人们对它的信任与其自身的权威。

在对第三方实体渠道的运用中，首先我们同样需要懂得借力于它被人们认可的权威性，让它为品牌背书，成为品牌的支撑点，提升人们对品牌的信任度。其次，我们需要遵循渠道扁平化的原则，尽可能让利于消费者。因为，第三方实体渠道，为品牌带来的不仅仅是销量与利润，还有消费者的信任。

第二种：自营实体店。在传统的商业世界里，流传着一句商业“格言”。一个实体店能否取得成功，核心在于它所在位置的人流量，以及对应人流量的消费意愿和消费能力。到了互联网时代，这个“格言”虽仍然有一定参考意义，却不再占有绝对地位。

因为，今天大部分行业实体店的人流量，不再仅依靠店铺自身。企业应该懂得运用微博、微信等互联网工具，吸引附近人群到此消费。这个实体店，你可以把它当成一个品牌的实体基地，或是说体验基地，提升人们对品牌与商品的信任度；可以把它当成一个品牌的活动据点，以此据点展开不同的商业推广活动，获取一定区域内人群的认知与认可；同时，也可以把它当成一个粉丝基地，从而与一定区域内的品牌粉丝形成更真实、有效的沟通和交流，提高他们的复购率，解决人们对售后的担忧。

互联网时代的自营实体店，位置固然重要，但其中的“重要”所指，并不一定是店铺门口的人流量，而更多是位置的便利性。它是否便于人们寻找和到此消费，或是否便于为人们提供配送与提货服务。对比过往远赴拥挤商业街的购物习惯，今天的人们越来越青睐于身边的社区店，或是交通便利、环境舒适的购物综合体；而对比传统投入高额“转让”费换取“重要”位置的选址模式，我们更可以选择方便人们消费、能作为品牌活动据点与粉丝基地的位置，通过互联网等传播方法，吸引一定区域内人群到店中消费，并以比支付高额“转让”费与租金的竞争对手更实惠的价格留住消费者，提升重复购买率。

传统销售渠道，除了上述的作用，亦可以有效地构建、培育品牌粉丝。品牌粉丝的构建，可以通过互联网中的各种推广方法，亦可以通过实体渠道中获得。如：目前在商业中运用较多“免费照片打印”“抓娃娃机”“共享充电宝”，以及萌娃评选活动等“吸粉”（网络用词，即吸引粉丝）方法，同样离不开实体的支撑。事实上，实体渠道吸引的品牌粉丝，通常较精准，且粉丝对品牌有较高的信任度。因为，他们可能与品牌相关人员有过真实的交流、接触，也可能来源于一定范围的区域之内。

今天的商业环境中，我们不能单纯完全依赖线上商城，或线下的实体销售渠道。销售渠道，其实没有绝对的好与差之分，只在于是否适合自己所在的行业，自己又是否有能力有效地经营该渠道。事实上，今天互联网上的电子商务平台，虽然进入门槛相对较低，但想要获得一定的成功，却可能需要付出远高于线下销售渠道的投入。

传统和新型的媒体、销售渠道，其实也很难有谁替代谁之分，只在于你是否懂得它们在商业中承担的角色与价值。相比之下，互联网具有更方便、快捷，不受时间、空间限制的便利性；线下渠道，能够给予人们更真实的交流与体验。因此，我们可以运用线上与线下的不同优点，形成互补之势。通过有效引导，使线下所接触人群加入品牌线上的微博、微信等粉丝基地中，以便更有效地维护和促进重复购买；通过线上的传播与推广，吸引人们到线下实体渠道中消费，从而让品牌产生更大的价值与收益。

第六篇

传播篇

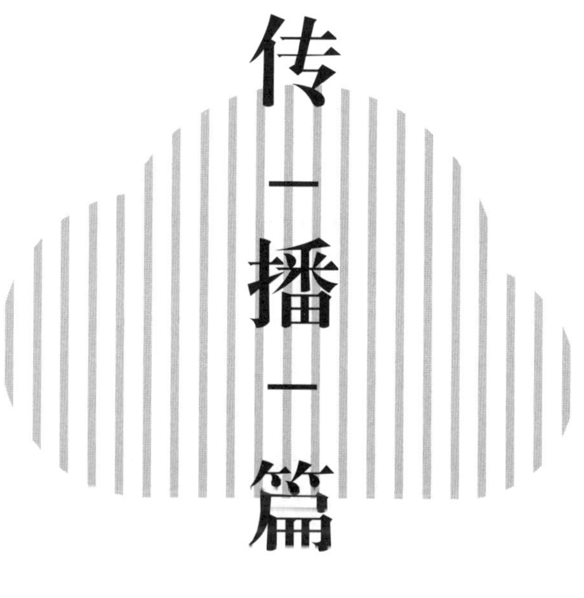

（下）

驱动品牌裂变传播的三种方法

在经过系统性地构建品牌根基、品牌核心文案的策划与撰写，品牌工具的创作与打造，品牌信息的铺垫与预埋，以及小步试错、裂变传播等工作之后，通常便进入品牌创造中的下一个步骤，即品牌的大幅度传播与推广，使品牌得到更多人的认知与认可，产生更大的价值。

市场从业人员，或多或少都接触过“5W”。“5W”即美国学者哈罗德·拉斯韦尔于 1948 年在《传播在社会中的结构与功能》论文中提出的构成传播过程的 5 种基本要素。5 个“W”分别是英语中 5 个疑问代词的第一个字母，即 Who（谁）、Says What（说了什么）、In Which Channel（通过什么渠道）、To Whom（向谁说）、With What Effect（有什么效果）。5 个“W”，虽同为传播中的基本要素，但它们对传播效果的影响占比，有时却是不尽相同。

如果说在传统商业环境中，“In Which Channel（通过什么渠道）”是对传播效果影响最大的因素。那么，“Says What（说了什么）”便是互联网时代，对传播效果影响最大的因素。在传统商业环境中，因为传播渠道的受限与相关资源的稀缺性，品牌往往只能付出高额成本，通过电视、报纸、广播、杂志等渠道进行传播。此时，你通过什么渠道传播，几乎决定了你所说的内容可能被多少人认知和记忆，也几乎决定了你的传播效果。而随着互联网、新媒体的发展，几乎每个“企业”“个体”都可以成为媒体，在极低的成本投入之下发起内容传播。

与此同时，我们又不难发现，同样以零门槛开通微博、微信、一直播、抖音等媒体渠道，同样以极低的成本发起传播，有的微博内容可能引起数以百万计的转发与评论，有的微博内容却几乎无人问津；有的微信公众号内容可能引得“现象级”的热议和刷爆我们的朋友圈，有的微信公众号内容阅读数却是屈指可数。排除一些个人或品牌影响力的因素，其中的差距只在于你所说的内容，能否引起人们的关注和传播。

零门槛的互联网传播渠道，有人借助它崛起，创造卓越品牌，赢得市场的认可与丰厚利润；有人却利用它的“免费”，创作大量的“网络垃圾”，遭到人们的屏蔽和唾弃。因此，在几乎人人都可以零门槛进入，并同样以极低成本发起传播的媒体渠道中，“Says What（说了什么）”变得尤为重要。它可能唤起人们的共鸣，驱动人们“裂变”式地口碑传播，为品牌带来高效的成长与收益；也可能犹如石沉大海，杳无音讯。

在互联网时代的商业环境中，“Says What（说了什么）”几乎决定了品牌在传播中能否有效得到人们的认知与认可，甚至决定了一个品牌的成与败。因为，有些内容可能为你带来价值百万的传播收益，有些内容却可能为你带来无效的传播，甚至是负面的结果。

品牌传播内容，尽管五花八门、变化多端，但同样有一定创作的原则与方法。在本篇章中，我将与你一起探索，互联网时代的品牌传播内容创作原则与方法，或许能给你一些借鉴和参考。

第一节
驱动品牌裂变传播的
五个内容创作原则与技巧

品牌传播内容，不仅限于文字层面的内容。随着互联网技术的发展，内容的呈现方式亦变得多元、丰富。它包含了我们常用的文本、图片、音频、视频、动画等内容，也包含了支撑相应内容中的词汇、照片、图形、色彩、音乐、语言、肢体动作等。无论哪一种，我们都必须尽可能遵循决定品牌成败的五个“关键词”与本篇中的五个内容创作原则和技巧。

一、有趣、有用、有共鸣

随着互联网、新媒体的普及，内容创作非常重要，显然已不是某个人的观点，而是大部分市场营销人员的共识。但对于内容的创作，我们听过最多，或者说被阐述最多的，无非是它的价值性，也就是人们常说的对受众是否有用，或者说是否有帮助。因此，不少企业在创作内容时，过度注重它对受众的帮助性和有用性，煞费苦心编排一些中规中矩、枯燥无味的教育性、知识普及性等内容，并将此视为善意的“价值”分享。

互联网发展至今，又被人们分为互联网 1.0 时代，以及互联网 2.0、3.0 时代。在互联网 1.0 时代中，企业通过在官方网站，以及新浪、网易、搜狐、腾讯、58 同城、赶集等门户网站上，发布品牌与商品信息。此时，人们往往只能被动接收，或在搜索工具中“求知”时接收相关信息，企业与受众之间往往缺乏有效沟通，亦缺乏驱动人们口碑传播的可能性。

到了互联网2.0、3.0时代，即新媒体、社交媒体兴起的时代，在我们的微博、微信、QQ、论坛、贴吧、今日头条、知乎、豆瓣、企鹅号、UC大鱼号、简书等媒体渠道中，传播的内容不再完全由企业自己发布，内容重点也不再仅限于为人们普及某种知识，而更多是为唤起人们的共鸣，驱动人们关注、参与、互动和口碑传播。

为此，“有用”的内容，如果只是作为企业在官方网站以及相关门户网站中的品牌信息铺垫与预埋，是可以为人们带来一定参考价值，并为品牌加分的。但在新媒体、社交媒体等渠道中，缺少“有趣”或“共鸣”的枯燥内容，往往很难引起人们关注与传播的兴趣。

如2014年，曾连续成为《福布斯》杂志全球富翁榜首富的比尔·盖茨，发表了一封公开信，信中反驳了外界对于不发达国家的一些错误观念。同时，在其网站GatesLetter.com上，也表达了同样的观点。为了推广这一网站，比尔·盖茨特意拍摄了一段滑稽卖萌视频。视频中，比尔·盖茨佩戴不同卡通装饰，以滑稽、卖萌的动作，搭配独特的音乐和语言，赢得人们的广泛关注和传播。这让其所提出的“不管按什么标准，世界都在变得越来越好，人们活得更长寿、更健康”的观念，得到广泛推广。

如百度创始人李彦宏变身战场将军，身披金色战袍上场，击鼓而歌，引爆全场；小米创始人雷军，把自己装扮成喜庆非凡的财神；巨人网络创始人史玉柱，身穿金黄色的龙袍戏服，扮演了网游《仙侠世界》中的玉帝角色；阿里巴巴创始人马云，其白雪公主的装扮，几乎颠覆了人们的想象。尽管他们在装扮上各有不同，但这却是他们在严肃的工作之余亲民、有趣的另一面表现，这些扮相也以此赢得了人们的广泛关注和传播。

如近年来，刷爆我们微博、微信朋友圈的“四小时后逃离北上广”“凡客体”

“见与不见体”“咆哮体”“幸福体”“私奔体”“主要看气质”“世界那么大，我想去看看”“贾君鹏，你妈妈喊你回家吃饭”“胖了应该算工伤”“穿越故宫来看你”，百雀羚的“四美不开心”“俗话说得好”等内容，以及时下嘻哈文化、二次元文化，这些能得到进一步的发展，同样是以它的娱乐性，唤起对应圈层人群的共鸣，赢得了人们的广泛关注，形成“裂变”式的传播。

随着互联网的发展，人们的工作压力越来越大，生活节奏变得愈加紧张。人们的阅读、视听习惯，从过往的精细化，变成了翻屏式、快进式。人们可能在工作与学习时，阅读枯燥但有用的资料和书籍，往往却不愿在工作之余付出过多时间、精力在新媒体、社交媒体中阅读枯燥的内容。对比它的有用性，人们往往更喜欢它的娱乐性、有趣性，并关注和传播引发共鸣和能为自己“代言”的内容。如果一定要强调它的“有用”性，也必须是在“有趣”或“共鸣”之间，穿插“有用”的内容，甚至是穿插广告内容。

二、共鸣与有趣的“段子”

段子，原指相声、评书等艺术作品中的一段内容。随着人们对“段子”一词的使用，“段子”的含义也增加了。如红段子，指励志短句、哲理箴言、真情祝福等，也在一定意义上被人们称为“心灵鸡汤”；灰段子，指灰色幽默，一般以艺术的方式反映现实，让人一笑后引起人思考；同时，亦有荤段子、冷段子、黑段子等类别。

段子，往往在寥寥数字之间，包含了诸多的寓意。它或是引人一笑，或是反映现实与无奈，又或是向人们提出某种警示与激励。它的娱乐性、智慧性、内涵性和简短性，通常唤起人们的喜爱与共鸣，驱动人们主动转载与传播，在微博、微信、贴吧、抖音等媒体中广为流传。

如在庄重、严肃的央视节目中，主播人朱广权一本正经、字正腔圆地秀出“亲爱的观众朋友们：地球不爆炸，我们不放假；宇宙不重启，我们不休息。风里雨里节日里我们都在这里等着你。没有四季，只有两季，你看就是旺季，你换台就是淡季”“小伙伴儿们，我只想告诉你们，热不仅仅是今天的事儿，明天后天大后天都是热情似火的艳阳天，原本想空调、Wi-Fi（无线宽带）、西瓜，却热得差不多能出锅撒把葱花”等段子，赢得人们的关注和喜爱。

如“江小白”的红段子文案。它的“攒了一肚子没心没肺的话，就想找兄弟掏心掏肺”“总觉得没喝够，其实是没聊透”“用45度的单纯，去忘却世界的复杂”“所谓成熟就是明明该哭该闹，却不言不语地微笑”“无论今天多么糟糕，醉了、醒了，就是明天”“钱没了可以再挣，单纯没了就真的没了”“碰了杯却碰不到心，才是世界上最遥远的距离”“友情也像杯子一样，要经常碰一碰才不会孤单”等段子，以有趣和智慧的语言，激励着人们前行，唤起人们的共鸣与口碑传播，高效带动着品牌成长。

三、拉近人们亲切感的“友声”

在新媒体、社交媒体等品牌传播内容创作中，我们可以通过娱乐性与有趣性兼具的内容，或激励人的段子，唤起人们的关注和共鸣。但并非所有内容，都应该是有趣和激励人的。在它们之外，亦可以通过“友声”的方法创作内容，唤起人们的共鸣和传播。

“友声”，指朋友的声音。即运用朋友之间对话的语言、口吻，进行品牌传播内容的创作，在内容创作时，我们需要预设一个或多个的接收对象，以第一人称的表达方式，如同朋友之间面对面沟通、交流的模式，阐述你的内容和观点。

如2015年上映的电影版《何以笙箫默》，推广时直接以主演黄晓明的朋友圈动态形式，采用黄晓明的照片，搭配“我的电影，何以笙箫默，献给长情的你”的文案创作，不仅拉近了影片和人们之间的距离，更唤起人们的广泛关注和传播。

如2017年，鹿晗在微博中发表：“大家好，给大家介绍一下，这是我女朋友@关晓彤。”简单几句，如同朋友之间的介绍口吻，引来了大量网友转发和评论，并跟风模仿应用于众多领域。

与“友声”相反的，是我们在传播中经常使用的官方语言、专业术语、书面用语。事实上，今天为什么很多企业在传播时，收效越来越差？核心在于人们不再喜欢与冷冰冰、高高在上的“官方”“机构”进行沟通、交流，亦不喜欢揣摩深奥、华丽的用语，而更多是喜欢与有灵魂、温度与情感的“人”沟通。这个“人”可以是品牌创始人、代言明星，也可以是具有品牌思想的“虚拟”人物。人们喜欢的“声音”，更多是源于日常生活中的，简单、易懂，如同朋友之间聊天用的“通俗”语言。为此，一个品牌，也只有具备人格、思想与灵魂时，才能以更高的亲和力和人们建立“情感”关系，成为人们认可与信任的朋友。

四、可以世俗，拒绝低俗

人，大多为“俗”人。在每个圈层、民族、国家之中，都有自己的习俗。我们每天操持着“俗”事，穿着“俗”衣，吃着“俗”物，讲着“俗”语，与“俗”人沟通、交流。

人们虽然向往“高雅”，但“高雅”往往易被人们视为摆架子、耍大牌，因此很难成为与人们平等沟通的“朋友”。比起你高高在上的“高雅”姿态和语言，人们更喜欢与“俗”人交流，以“俗”语沟通。“俗”，并非“庸俗”，更非“低俗”，而更多是指平凡大众，以及相应的习惯和风俗。

随着新媒体与社交媒体的发展，以及内容创作与传播的便利性，我们不难发现，各种庸俗、低俗内容充斥于人们眼前。如生吃王八、老鼠、蛇，吞灯泡等各种低俗视频；谣言、粗口、暴力等各种低俗事物丛生，为的只是吸引眼球和牟取利益。

事实上，“庸俗”与“低俗”对传播者而言是有“好”处的。它可以引起人们关注和传播，可以引起人们的打赏、付费，甚至可以使人一夜成“名”，成为家喻户晓的“名”人。但“庸俗”与“低俗”，却不可能赢得人们的尊重和认可。“庸俗”与“低俗”，可以让你短时间内获得“名”和“利”，同时也会让你遭到人们的鄙视和唾弃。

在互联网、新媒体中的品牌传播内容创作，既不能使用“高高在上”的官方语言、专业术语、书面用语，更不能是“庸俗”和“低俗”的内容创作，但可以适从于人们的习惯与风俗，以通俗、易懂的语言，拉近人们之间的情感关系。

五、除了内容本身，还有“颜值”的体现

随着生活水平的提高，以及人们对美好事物的追求和向往，新型消费者不仅通过商品的外在“颜值”评判它的优与劣，同时，也可能通过评判传播内容中的“颜值”后决定是否进一步了解，甚至受传播内容的“颜值”影响认同或否定品牌。为此，品牌传播内容的创作，除了文字、照片、图形、色彩、音乐、语言等内容本身，内容的“颜值”同为重要。

品牌传播内容的“颜值”体现，基于其在传播中能否得到人们的认知与认可，或能否唤起人们的共鸣与口碑传播，我大体分为三个层次。

（一）逻辑清晰、排版美观。如一篇文章、一张海报，具有清晰的标题、段落，主次分明的逻辑，字体、行距、字间距、颜色搭配把控较好，并通过图表、图文等方式呈现，能够让人们快速地浏览，并理解其中的内容。在工作压力大与生活节奏紧张的当下，人们几乎不会花费时间、精力，阅读逻辑混乱与排版丑陋的内容。即使你的内容再优秀，如果逻辑混乱、排版丑陋，也很难得到人们的认知，诚然更难谈到认可与共鸣。

（二）设计美观、视觉效果良好。在该层次中，不仅具有清晰的逻辑，更会结合品牌根基、内容主题、受众人群等因素，采用专业的图片、色彩、字体、素材搭配，字体设计等方式，呈现出精美、良好、符合受众需求的视觉效果，使内容得到更为清晰、具体的展现，让人们在快速对内容产生认知的同时，提升对品牌的认可度。

（三）手绘场景、赋予情感。随着人们对虚拟中唯美世界的向往，以及对现实世界与通用素材的审美疲劳，通过手绘、矢量处理的虚拟场景、卡通人物，越来越受到人们的青睐。我们也不难发现，在微博、微信公众号、抖音等媒体中，越来越多的经营者，喜欢运用虚拟场景、卡通人物、动漫等形式，唤起人们的喜爱与共鸣。

虚拟场景、卡通人物，不仅有效提升内容的视觉表现和原创度，更能够给予人们一种轻松、愉悦的阅读、观看心情。通过手绘、矢量处理的虚拟场景创作，以及赋予品牌“人格”的卡通人物，亦能更好地与人们建立情感关系，培育品牌的“明星 IP”。

不知什么时候起，品牌传播内容创作又被人们称为“软文”创作。不少企业经营者在文章、视频等传播内容中植入广告信息，试图达到品牌传播目的。但很多时候，因为植入得过“软”，不被人们发现；或因为植入得过“硬”，让人们心生厌弃。事实上，随着互联网对信息的普及，在新型消费者眼中，一篇文章、一段视频，是否带有广告内容，根本挡不住人们对它的认知与评判。

与此同时，我们又不难在微博、微信朋友圈等渠道中发现，诸多传播内容，明明是“赤裸裸”的“硬”广告，却依然可以赢得人们的广泛关注和传播。我一直不太认同遮遮掩掩的所谓“软”广告。任何一个品牌，都需要进行传播，人们也需要通过品牌的传播，提升自己对不同领域的商品认知，减少购买时的选择风险。因此，在本篇章中，除了探索驱动品牌裂变传播的五个内容创作原则与技巧，还提出“故事”“话题”“活动”三种驱动品牌裂变传播的创作方法，以及品牌“超级粉丝”的培育方法，这些方法让品牌传播内容无论“软”或“硬”，都可能驱动人们裂变式的口碑传播。

第二节
让消息不胫而走的
品牌“故事”创作方法

人们常常认为，人类与其他动物之间最大的区别，在于人类具有语言，可以通过语言交流和联系。随着时间的推移与科学的进步，我们发现海豚、猿猴等动物也有语言，人们身边的小猫、小狗、小鸟、蜜蜂、蚂蚁等动物，也有语言，或者说交流信号。事实上，人类产生与其他动物的区别，以至于形成自己的思想、文化，成为目前地球上最高地位的统治者，在很大程度上便源于“故事”的力量，源于人们懂得通过“故事”进行交流和联系。

远古时代，人们可能遇到自然灾害，可能遇到猛兽攻击，也可能面临其他种种生存挑战，但每当夜晚来临，人们总是喜欢围拢在一起，倾听着年长者为他们讲述古老又神秘的神话故事。通过神话故事中“神”的力量，让人们认识自然、支配自然，提高人们的生产能力，为人们争取生存空间。

小时候，我们总喜欢让爷爷奶奶、爸爸妈妈讲述童话故事、历史故事、神话故事，通过故事探索未知的世界，满足自己的好奇心，并以此形成一定的价值认知。随着年龄的增长，我们又喜欢聚在一起，讲述别人的爱情故事、幽默故事、创业故事、成长故事、英雄故事、爱国故事、励志故事、失败故事，甚至是灾难故事。故事成为人们茶余饭后的谈资，人们一边寻求真相，一边又对此引以为鉴，修正自己的处世原则和行为准则。

一、故事，是让信息“不胫而走”的最佳方式

据《战国策 · 燕策一》中记载，燕昭王在纳士招贤时，大臣郭隗为其讲述了一个关于“千金买骨”的故事。故事中说古代有位君王，想用一千金购求千里马，但多年未曾得到。其侍臣请旨为他寻马，历时数月后，虽然找到千里马，但马已经病死。为此，侍臣花五百金买了死马骨头，回来时被君王大声质问：“我所求的是活着的千里马，为何用五百金买回千里马的骨头？”侍臣回答说：“死的千里马尚用五百金购买，何况活马呢？天下人一定能看出您求千里马的诚意，自然而然会把千里马送上来。”后来，果然有人不远千里送来千里马。不到一年时间，该君王便求得三匹千里马。郭隗通过生动、形象的故事比喻，说明了抽象的大道理。以毛遂自荐的方式，把自己当成“马骨”推荐给燕昭王。而燕昭王借鉴“千金买骨”，把郭隗这副“马骨”拜为贤士，尊为老师，使燕昭王爱贤、敬贤的名声不胫而走，引得各国人才纷纷奔赴燕国，其中最出名的是魏国人乐毅。在乐毅等人才的辅助下，燕昭王实施内政改革、军队整顿，兢兢业业奋斗二十八年后，联合五国攻齐，占领齐国七十多城，造就了燕国的辉煌盛世。燕昭王求士的故事，不仅为他赢得了“千里马”，更被世人传颂至今，燕昭王也成为人们学习的榜样。

故事，不等同于纪实。它们虽同为事物的一种记载、传播载体，纪实，注重于事物的真实性，且通常以官方语言、专业术语、书面用语，严谨、有序地进行真实记录。而故事，它更侧重于事物的发展过程，强调情节的生动性，并以通俗、易懂、“口语”化、“友声”化的模式呈现，更适于人们茶余饭后闲聊，让事物在人们的谈笑之间广泛传播。

故事，可以是已发生的真实事物，也可以虚拟构建创作出来的事物。通常来说，故事是创作者结合人们的现实生活，通过想象、假设，艺术性的修饰、演绎，以通俗易懂、逼真生动的语言、形式，阐述人们心中向往的一种英雄角色、美好的生活状态，又或是阐述人们憎恨的一种丑恶角色、悲凄的无奈现实，并以寓意、比喻等方式，真实反映人们的现实生活或内心世界，唤起人们的共鸣和传播。

故事，虽然可以通过想象、假设的虚拟构建创作，但并不代表可以胡编乱造，

甚至是虚假宣传，欺骗消费者。最佳的故事创作，是在真实事物中，巧妙地融入虚拟人物、事件。故事，可以不是已发生的真实事件，但故事的创作，必须让人们愿意相信与认可。

如在著名小说家罗贯中创作的《三国演义》中，被人们誉为四大美人之一的貂蝉。千百年来，人们传颂四大美人，并以“沉鱼、落雁、闭月、羞花”分别形容西施、王昭君、貂蝉与杨贵妃的芳姿和美貌。但在相关史料中，并未出现关于貂蝉的真实记载，因此人们对貂蝉在历史上是否真实存在有争议。事实上，貂蝉是否真实存在，对大部分人来说不甚重要。在罗贯中的妙笔之下，她巧妙融入于真实的历史中，成为三国时代不可或缺的“真实”人物，成为人们“相信”且认可的“四大美人”之一。

故事，通常是别人的事。人们在谈起别人的事情时，往往处于事不关己、无关紧要的轻松状态。因此，人们在工作之余，最愿意闲聊的就是别人的事。而故事内容真实与虚拟结合，勾起了人们的好奇心，使故事成为人们茶余饭后探索真相的重要谈资；故事的艺术修饰和演义性，使人们在现实中未能得到满足时，对故事中的英雄角色、美好的生活状态，产生期待与向往，甚至是幻想。故事情节的生动，以及通俗易懂的语言和形式，往往也让故事中的内容和信息“不胫而走”。

二、故事，在品牌传播内容中的六个创作方法

故事，可能是无意中发生的一件事，也可以是在有意之下创作的一件事。如我们熟知的蜀汉皇帝刘备三顾茅庐邀请诸葛亮出山辅佐的故事，以及上述燕昭王求贤纳士拜郭隗为师的故事，你可以把它们视为无意中发生的一件事，也可以把它们视为君臣之间有意创作的一件事。无论如何，它们都体现和传播了一个人爱贤、敬贤的诚意，并使此人赢得各方人才的支持，从而创造一番辉煌事业。

为此，在品牌传播内容中，我们也需要在无意之中或是有意之下，通过不同策略、方法，创作品牌“故事”，驱动裂变式口碑传播，让品牌信息“不胫而走”。

通过创始人创作品牌故事。创业，可以说是最具不确定性和挑战性的工作。每个企业与品牌创始人，都可能走过选择错误、资金短缺、员工流失、产品失败、对手打压、股东分离、营销失误等辛酸创业之路，路上他们有过泪水，有过迷茫，也有过收获与欢乐。每个创始人的创业路，都可能写成一本书，当然，就可以被创作出一个个让人产生共鸣的品牌故事。

通过创始人创作品牌故事，应该是在商业中使用最多，且传播最广的方式之一。如长江和记公司创始人李嘉诚，与家人辗转到香港，从白手起家到成为亚洲首富的故事；阿里巴巴创始人马云，从两次高考落榜，蹬三轮车给杂志社送书，到卖袜子补贴翻译社，再到联合“十八罗汉”，拼凑 50 万元创建阿里阿里巴巴的故事；褚橙创始人褚时健，71 岁因经济问题被判处无期徒刑，74 岁获批保外就医，在哀牢山承包荒山种橙的励志故事；巨人网络集团创始人史玉柱，从亿万富翁到一无所有，再到向朋友借 50 万元创建脑白金的传奇故事；腾讯创始人马化腾，在资金最困难时，差点把 QQ 软件以 60 万元卖掉，再到今天公司市值超过两万亿元的故事；娃哈哈创始人宗庆后，从农场工人，到贷款 14 万元，靠蹬三轮车卖冰棍，后成为内地首富的创业故事；肯德基创始人哈兰·山德士，56 岁时为兜售炸鸡秘方，整整两年，被拒绝了 1 009 次，终于在第 1 010 次获得人们的认可，从而创建世界最大的炸鸡快餐连锁企业的故事……

古今中外，每一个创始人，或是成功，或是失败，在他们身上都必然有值得他人学习，或是被人们引以为鉴的创业故事。这些故事就可能成为唤起人们的共鸣，驱动口碑传播的品牌故事。

通过虚拟人物创作品牌故事。虚拟人物，正因为它的虚拟性，亦留给我们在品牌故事中更大的想象与创作空间。我们不仅要赋予它“人格”化的思想、性格和价值观，更应该为它创作一些故事，以此得到人们广泛的关注和传播，提升它的知名度和影响力，使它成为有效带动品牌成长的“明星 IP”。

如海尔集团将海尔兄弟创作为动画片，通过对海尔兄弟探险故事的描述与创作，向人们传递科学与人文知识，同时彰显海尔集团的经营智慧与能力，让海尔兄弟成为家喻户晓的智慧人物；三只松鼠通过动画视频、海报，为人们传达“三只松鼠”的可爱形象与品牌故事，在准确体现“三只松鼠”品牌个性的同时，拉近了品牌与人们之间的距离。

如三丽鸥公司为 Hello Kitty 创作了其诞生时的故事；米其林集团为“米其林轮胎先生”创作了亲善大使的故事。策略虽然各有不同，却同样以故事创作的形式，赢得人们的广泛关注和传播。

通过经营理念创作品牌故事。每个企业，都有自己的文化与经营理念，并以此指导企业的发展和管理，影响企业的商品品质和品牌思想。但出色的企业文化，不是挂在办公墙上的标语，或员工高喊的口号，企业应懂得将其创作为具体的品牌故事，对内指导员工前行，对外赢得人们的认知与认可。

如李嘉诚在创业之初，因只顾承接订单，忽略了对质量的监控，致使产品粗劣，引起退货和赔偿，收入急剧下滑。加上原料商和银行的催款，企业被逼到破产边缘。为挽救绝境中的工厂，李嘉诚向员工坦言自己经营上的失误，挽留员工共度非常时期，并向众多银行、供应商及客户道歉，请求他们放宽还款和交货期限。最终李嘉诚靠“诚信”二字，扭转经营局面。此事也成为李嘉诚以诚信赢天下的品牌故事之一，增强人们的信任与认可。

如美国西南航空公司，通过将没有长途航班、机场主要选择非核心机场、机型只选波音 737、没有固定位置、没有公务舱和头等舱、没有配餐等经营理念创作为品牌故事，高效推动人们对其“廉价航空”这一品牌定位的认知与认可。

同样，海尔集团通过创始人张瑞敏“砸冰箱”的品牌故事，让海尔集团高度重视商品品质的理念得到人们认知与认可；海底捞，通过免费美甲、擦鞋，专人开水龙头、挤洗手液等经营细节的品牌故事，让海底捞极致服务的理念得到人们认知与认可。

通过商品产地创作品牌故事。该方法在瓶装水行业，几乎得到最多的应用。如珠峰冰川，源于珠峰冰川自涌天然矿泉活水；5100 西藏冰川矿泉水，源于西藏念青唐古拉山脉海拔 5 100 米的原始冰川水源地；依云，产于法国阿尔卑斯山，经过最少 15 年冰川岩层过滤而成等。

当然，通过商品产地创作品牌故事的方法，也被应用于不同行业和领域。如特仑苏，采用北纬 40 度——世界公认的“黄金奶源纬度带”的奶源；飞天茅台，采用赤水河的水，结合茅台镇特殊的自然环境和气候条件酿成；很久以前羊肉串，来自内蒙古呼伦贝尔大草原，平均每1000平方米只养 1 只小羔羊。通过商品产地创作品牌故事，不仅能有效得到人们的关注与传播，更能借力于产地的优越环境为品牌背书，使人们对商品品质产生向往与认可。

通过商品配方创作品牌故事。我们最熟悉的，莫过于可口可乐的“配方秘密”。据传闻,在这个 2016 年全球有价值品牌排名第三的企业中,最核心的“神秘配方”是锁在银行保险柜的“7X 商品”，并由 3 个签署“永不泄密协议”的人分别掌握 1/3 配方，只有 3 个人同时到场才可以打开。悬疑式的名字、高规格的保护，让可口可乐“神秘配方”的品牌故事，成为人们争相讲述的谈资，也吸引人们一次次品尝采用“神秘配方”生产的味道。

湾仔码头，向人们讲述了创始人为摆脱生活困境，通过家传秘方和技术做饺子的品牌故事；老干妈，向人们讲述了一个农村妇女在摆地摊卖凉粉时，发现顾客居然更喜欢她的凉粉拌酱，因此将该拌酱加以研究，制作独特风味辣椒酱的品牌故事；雕爷牛腩，向人们讲述了以 500 万元独家买断香港“食神”绝密配方的品牌故事等。策略虽然各有不同，但同样增强了人们对品牌的认知与探索兴趣，驱动人们的关注与传播。

通过品牌历史创作品牌故事。品牌经营时间的沉淀，为品牌蒙上了一层岁月的薄纱，使人们对品牌历史产生探索的兴趣。此时，我们更应该懂得将品牌成长历程创作为具体的品牌故事，让品牌信息不胫而走，引得人们的关注和传播。

如家喻户晓的同仁堂，向人们讲述了创始人为康熙诊治，由康熙写下“同修仁德，济世养生”，从而诞生“同仁堂”的品牌故事。三百多年的风雨历程，亦为同仁堂增添了大大小小的经营故事，影视创作人的整理和引用，更为同仁堂增添了传奇、生动的品牌色彩。

同样，享有中华老字号之称的全聚德烤鸭、王老吉凉茶、王致和腐乳、张小泉剪刀、天津狗不理包子、女儿红黄酒、馄饨侯馄饨、六必居酱园、吴裕泰茶业、六味斋酱肉、陈李济药业等品牌，以及驰名世界的哈根达斯、路易威登、戴比尔斯、耐克、哈雷摩托、梅赛德斯-奔驰、肯德基、左岸咖啡、赛百味等历史悠久的品牌，亦通过不同的成长历程创作它们的品牌故事。这为品牌增添了生动色彩，同时也使品牌赢得人们的广泛关注和传播。

品牌故事的创作方法，除上述所举，亦有通过核心技术、社会荣誉、消费者行为等方法创作品牌故事。每一个历史悠久的卓越品牌，通常都会具有多个不同的品牌故事。事实上，在品牌传播中，也不应该只有一个品牌故事，又或是局限于某种形式的品牌故事。而应该懂得在品牌的创建与发展中，在无意之中或有意之下，为品牌创作一系列的品牌故事，让品牌信息不胫而走，赢得人们的广泛关注和传播。

三、故事，让人们共鸣、传播和记忆

故事，正因为它具有“真实”与“虚拟”结合性，具有艺术修饰与演绎性，使得人们不仅喜欢为别人讲故事，更喜欢津津有味地听别人讲故事。故事中，生动的情节和通俗易懂、易记的语言，亦让我们总是对故事的内容记忆犹新。

从远古的《盘古开天辟地》《女娲造人》《后羿射日》《神农尝百草》等故事，到千百年前的《周幽王烽火戏诸侯》《勾践卧薪尝胆》《孟姜女哭长城》《赵高指鹿为马》《曹操煮酒论英雄》《诸葛亮草船借箭》《赵匡胤杯酒释兵权》《岳飞精忠报国》等故事，再到我们小时候连环画、动画片中的《孙悟空大闹天宫》《白雪公主和七个小矮人》《阿里巴巴与四十大盗》《米老鼠和唐老鸭》等故事，又或是爷爷奶奶、爸爸妈妈给我们讲的《小白兔与大灰狼》《龟兔赛跑》《猴子捞月》《乌鸦喝水》《小蝌蚪找妈妈》《狼来了》等故事，经过多年的时间洗礼，我们却依然记忆犹新。甚至爷爷奶奶、爸爸妈妈给我们讲故事的情形，都依然历历在目、难以忘怀。

故事的内容，可长可短。可以是长篇小说，也可以是短篇合集；可以是单篇故事，也可以是系列故事。它们可能会有相对齐全、正式的版本，同样也会有能让人们通过三言两语，就可以大体概括给别人讲述，让别人认知的局部、非正式版本。如本章节中所阐述的故事，都是我概括后的局部、非正式版本，但并未影响人们对它们的认知。故事的灵活性和变通性，增加了它的可传播性，使它成为人们茶余饭后的谈资。

虽然故事的创作策略、方法有多样性，版本也可能会有多变性，但故事的创作，却不能捏造、歪曲事实，颠倒黑白。“故事”与“谣言”之间，共同之处在于它们都可能是虚拟的创作，亦可能得到人们的广泛关注和传播。不同之处在于“谣言”为了攻击他人或牟取利益，通过捏造与现实不相同甚至是相反的言论，得到人们的关注和传播。这种言论通常带有消极性，破坏人们的团结和社会的秩序，虽然可能带来一定的关注和传播，但必然遭到人们的鄙视和唾弃。

故事的创作，必须结合人们的现实生活，或是基于人们理想中的生活状态。通过艺术性的修饰、演绎，让故事情节变得更为生动，让故事中的英雄更充满传奇色彩，让故事中的场景更使人们向往，勾起人们的好奇、探索之心。并以寓意、比喻等方式，真实反映人们的现实生活或内心世界，从而唤起人们内心的共鸣、传播和记忆。

为此，对于互联网时代的品牌传播，我们最应该掌握的方法之一，便是通过品牌故事的创作，驱动人们广泛关注和“裂变式”传播。优秀的品牌故事，不仅能让品牌赢得人们的关注与传播，更能有效吸引和促进人们对商品的消费意念，号召人们行动。事实上，今天人们吃什么、穿什么、开什么车、去哪里旅游，除了取决于商品本身的价值，一定程度上，亦在于品牌或商品背后的故事能否勾起人们的好奇和向往。

如人们喝可口可乐，除了因为它的美味，还因为它神秘配方的故事；人们去全聚德吃烤鸭，除了因为它的美味，还因为它被誉为“中华第一吃”的故事；人们购买“三只松鼠”，除了因为它的品质，还因为它可爱的形象与故事；人们购买褚橙，除了因为它鲜甜的美味，还因为它的励志故事；人们去故宫旅游，除了因为它雄伟壮观的建筑物，还因为它蕴含明、清两代的皇家故事；人们去伦敦贝克街221号，参观的并非伦敦街景，而是柯南·道尔先生笔下伟大侦探夏洛克·福尔摩斯的“住所”，以及他的传奇故事。

随着互联网的发展，故事的传播模式亦变得多元化。有最为古老、简单的“围拢”模式，即空闲之际，人们三五成群聚拢在一起，相互讲述故事的模式；有传统搭架舞台，通过相声、戏曲、评书等传播的模式；有通过组织发布会，通过记者、传媒机构传播的模式；亦有以文本、漫画创作，电影、电视剧、短视频拍摄等形式，通过传统媒体或互联网媒体等传播的模式；同时，还有录制音频、歌曲传播等的模式。

总而言之，在人类的大家庭里，无论你是有意，还是无意，故事总是围绕在你身边，出现在你的眼前、耳边。故事中生动的情节，传奇的色彩，具体、形象的寓意，简单、轻松易懂的语言，总是让你无法拒绝。它不仅是让人与人之间产生连接的最快方式，亦是人与人之间产生共鸣、情感的最佳方式。

人类，在有意、无意地讲故事、听故事时，产生故事情结。也在故事的交流与连接之中，形成一个个不同兴趣、爱好、价值观、理念的圈层，形成一个个企业、品牌、圈层、组织、民族、国家、社会之间的不同文化。因此，在品牌的传播中，我们也应该抓住人们数千年来未曾改变的爱好与习惯，通过有意、无意创作不同形式的品牌故事，唤起人们的共鸣，驱动人们广泛关注和“裂变式”传播，使品牌成为某一个圈层、群体、民族、国家的文化之一，成为他们之间“符号化的代言物”。

第三节
让人们在互动中主动传播的“话题”创作方法

如果说故事的创作，需要一定的专业能力与素材支撑，那么，话题便几乎是每个企业、个体都可以简单掌握、随时随地执行，并驱动人们的广泛关注和“裂变式”传播的内容。

一、话题，让人们共鸣、参与和传播

“话题”一词，相信人们都不陌生。在生活中，为了与心仪女孩多接触，为了与心中的白马王子多沟通，为了与隔壁邻居拉近距离，为了与某位领导亲近关系，为了与身边好友交流谈心，为了聚会时不至于冷场，我们总可能有意或无意地寻找一些话题，让彼此之间展开对话、谈论，拉近彼此之间的距离与关系。

话题，意指谈话的题目，或者说彼此之间的谈论主题。在品牌传播内容中的话题，可以借力于社会的热点新闻、事件、人物等话题，可以借力于人们长期关心的健康、医疗、教育、环境、财富、就业等话题，也可以是以企业团队、合作伙伴、经营模式、核心技术、用户评价等内容创作的话题。话题的创作主旨，在于建立品牌与人们之间的谈论主题，以此拉近彼此之间的距离与关系。每一个话题，可能会有默默关注者，也可能会有参与谈论者。

话题的创作，与故事有所相似，话题和故事都可能赢得人们的广泛关注和传播，但也有一定的区别。故事在传播中对人们的影响，在于唤起人们的共鸣、传播和记忆。先为唤起人们的共鸣，后为驱动口碑传播，同时以故事中的生动情节，让人们产生难以忘怀的记忆。而话题在传播中对人们的影响，在于唤起人们的共鸣、参与和传播。先是为唤起人们的共鸣，后是引起人们的参与和互动，在人们参与话题谈论、互动之中，形成广泛的关注和传播。

品牌故事，往往需要结合企业实际情况，通过深思熟虑后进行创作和传播。但话题具有即时性和零散性，可能结合社会热点，随时随地发起话题创作，引起人们参与和互动。因话题的主旨在于让人们参与和互动，它通常能比品牌故事获得更快速的传播，形成一时的热议。而又因话题与社会热点有一定的结合性，以及人们对流行事物一时的追捧性，话题具有一定的时效性。

相比之下，故事具有更为持久的传播能力，能被人们持久记忆。话题，更易于在短时间内引起人们广泛关注和传播，成为一时的热议事件，大幅提升品牌知名度。不断对同一形式的话题创作和传播积累，也可能使其沉淀成为被人们认知与记忆的品牌故事。

话题，虽然可以引起人们的一时热议，但不是低俗、恶意的“炒作”，更不是虚假的“噱头”“谣言”。在创作互联网传播内容时，我们可以引起人们的关注，可以引起人们的热议，却不能引起人们争议。“热议”与“争议”，看似简单的一字之差，却几乎决定了品牌在引起人们广泛关注和传播之后，是得到人们的拥护和认可，还是被人们鄙视和唾弃。

事实上，能够引起人们的“争议”是有“好处”的。它可以让我们在平凡的世界中脱颖而出，也可以让品牌在极低成本的投入下，一夜之间名声响彻大江南北。为此，也让一些企业经营者幻想着创作人们“意料之外”的传播内容，博取人们的关注，将品牌推向争议的风口。殊不知，在获取知名度的同时，亦往往得到人们的鄙视和唾弃。

话题，可能是无意之间产生的，也可能是企业在有意之下创作的。它可以是

“突破平凡”与“符合情理”的创意，但非“颠覆”人们的世界观的争议性“创意”。话题的创作与传播，我们同样无须遮遮掩掩，运用所谓的“软”植入，我们的目的在于与人们坦诚沟通、交流。

二、话题，在品牌传播内容中的六个创作方法

每当在微博、微信朋友圈中看到热议话题时，我们总忍不住对其产生关注，或是参与互动或转发一把。我们也渴望自己能够发起一个话题，得到人们的广泛关注和传播。但当面对大部分话题发起者的个人或品牌影响力时，我们又心生迟疑。认为那些热议的话题，之所以得到人们的广泛关注和传播，核心在于发起者的强大影响力。如果你懂得话题在品牌传播内容中的创作原则与方法，你会发现通过话题引起人们的关注与热议，并不像想象中那么遥远，甚至是唾手可得。

借助热点事件创作话题。通过借助热点事件、新闻、人物，从而进行话题创作，引起人们的广泛关注和传播，应该是品牌传播中，被企业运用最多的方法之一。在一定程度上，也被称为借势营销。

如 2008 年，汶川地震发生之后，加多宝集团向灾区捐款 1 亿元，引起人们对加多宝集团当时主要经营的“王老吉”品牌的广泛关注和传播，并形成“要喝就喝王老吉，要捐就捐一个亿”的热议。通过适时的借力，“王老吉”品牌不仅提高了知名度，更提升了人们对它的认可度。2012 年，北京下起了空前暴雨，各城区“洪水泛滥”，“来北京，带你去看海”一时之间成了人们的流行语。杜蕾斯巧妙地借助该热点，将安全套套在运动鞋上走入雨中，引起人们的广泛关注和传播，这成为杜蕾斯诸多借势营销的成功案例之一。

借助热点日期创作话题。如 2017 年诸多品牌借力高考日期创作创意海报，成为刷爆我们微博、微信朋友圈的热点话题。

十年寒窗，只为一朝高考。随着人们对教育的重视，高考已然不再仅是学生的事，高考日期成为全民关注的热点日期。品牌经营者亦各显神通，借助高考日

期进行话题创作，引起人们的广泛关注和传播。如肯德基“早餐吃得对，填空就能会，握得大饭团，胜券在握”、饿了么“放轻松，高考只是决定了你在哪个城市点饿了么”、梅赛德斯-奔驰“不会选的时候，一定要选C”等。

无论是借助热点日期，还是借助热点事件、新闻、人物等内容创作话题，其创作核心策略，在于借助人们关注的热点话题，结合品牌思想或商品属性，从而创作一个既可能引起人们关注，又能与品牌信息相关的话题。让人们在关注和传播热点话题时，也可能关注和传播品牌信息。

通过创始人动态创作话题。创始人的创业路，既可以创作出一个个引人共鸣的品牌故事，亦可以创作出一个个引人共鸣的话题。无论是创始人的工作动态，或是工作之外的生活动态，我们都可以无意或有意地创作不同的话题，驱动人们关注和传播。

如万科集团创始人王石成功登上珠穆朗玛峰，阿里巴巴集团创始人马云在公开场合表演太极拳，百度公司创始人李彦宏乘坐无人驾驶汽车上五环，小米创始人雷军与格力董事长董明珠的商业对赌，华为创始人任正非独自在机场排队等出租车，娃哈哈集团创始人宗庆后乘坐高铁二等座出行，万达集团董事长王健林忙碌的日程安排表，奇虎 360 创始人周鸿祎多次出书等话题，无论它们是基于无意还是有意的话题创作，已然引起人们的广泛关注和传播，并对他们的“人格”与所经营品牌，产生进一步的认知与认可。

通过新型商业模式创作话题。企业经营者缘何热衷于新型的商业模式？它其实是真正可能为企业带来好处的。近些年来，摩拜单车，阿里巴巴、京东的无人商店，小米的生态链，百度的人工智能等新型商业模式，不仅赢得投资人的青睐，更得到人们的广泛关注和传播。

新型的商业模式，固然有诸多好处，但在商业经营中，我们更应该谨记商业的本质，结合企业的实际情况进行适时创新。你可以结合时下人们关注的新型商业模式，为企业加上一些流行性的商业概念，从而创作一些让人们关注与传播的话题。但却不能为了迎合人们的关注和传播，改变品牌的定位和战略规划。

通过新型营销方法创作话题。在商业经营中，我们不仅需要创作或结合新型的营销方法让企业与品牌得到与时俱进的发展，亦需要借助新型的营销方法驱动人们的关注和传播。

如近些年来，无论是小米的互联网思维、海底捞的极致服务、“江小白”的表达瓶、可口可乐的昵称瓶、百雀羚的长图广告，还是“三只松鼠”“小茗同学”“张君雅小妹妹”“暖小幺”“不二家”等品牌，通过人格化的虚拟人物创作，带动品牌成长的新型营销方法，已然成为人们广泛关注和传播的话题。

通过企业经营动态创作话题。企业经营动态，应该是商业经营中，话题创作的最大素材来源。如海底捞在经营中，亲自开车送顾客赶火车，主动为顾客购买风油精， 帮助顾客看管孩子、喂孩子吃饭，给顾客赠送全新丝袜、整个西瓜、自制的姜汤水，主动给顾客送“对不起”玉米饼，主动提出为顾客报销医药费等暖心服务，已然成为人们广泛关注和传播的话题；如苹果手机，每次新产品上市前，总是有意、无意地“透露”它的开发进度，引起人们各种猜测，猜它的外观、配置、功能、价格，人们的猜测与谈论，已然给苹果手机带来最好的传播效果。

在企业经营中，几乎从企业商品的生产过程，研发、注册专利技术，到参加公益活动、获得投资、获得客户、增加团队成员、引进合作伙伴，或与用户之间发生的新鲜事物等经营动态，都可以被创作为一个个引人关注和传播的话题。

品牌传播内容中的“话题”，除上述所举创作方法，还有众多其他策略和方法。如“麦当劳更换运营企业的名字”“天猫商城的双 11 购物狂欢节”“罗振宇的跨年演讲活动”“凡客诚品广告文案中的凡客体”“红牛翼装飞行世界锦标赛”“贾君鹏，你妈妈喊你回家吃饭”“四小时后逃离北上广”“胖了应该算工伤”等话题，有时你很难说出它属于哪种方法，但已然得到人们的广泛关注和传播。

总而言之，在商业经营中，我们要懂得尽可能将与品牌相关的经营动态，创作成人们关注和讨论的话题；懂得借助热点事件、新闻、人物，以及人们长期关心的健康、医疗、教育、环境、财富、就业等话题，结合品牌思想或商品属性，创作出既能被人们关注，又与品牌相关的话题。通过有意或无意，借势或造势，创作与品牌相关话题，驱动人们的关注、谈论和传播，在不断地创作与传播之中，积累品牌价值与资产。

三、话题，在品牌传播内容中的创作原则与技巧

一个话题，之所以引起人们的广泛关注和传播，除了尽可能遵循品牌创造的五个“关键词”，与驱动品牌裂变传播的五个内容创作原则和技巧，亦有它自身的创作原则与技巧。

话题，虽然可能在短时间内引起人们的广泛关注和裂变式传播，但在品牌传播中，我们却不能抱有揠苗助长的心态，幻想着通过一个话题创作，让品牌在短时间内取得成功。同时，也不必对“热议”话题发起者的个人或品牌影响力产生过多羡慕，因为绝大部分能引起人们广泛关注和裂变式传播的话题，都可能是经过“1+0.1”的迭代式创新方法，通过不断地试错后，所产生的裂变结果。

如在马克·舍费尔所著的《热点：引爆内容营销的 6 个密码》一书中提到，作者的好朋友史蒂芬·科隆达，在拥有 600 多家老牌竞争对手的法国普罗旺斯创办了一家酒厂。当时正值经济不景气，且史蒂芬也没任何酿酒经验。为推广他的红酒，史蒂芬采取一种非常接地气又有趣的内容营销方式。他坚持不懈地记录酿酒过程，并制作一些有趣的视频发布到互联网上，同时，给粉丝们讲解葡萄酒，以及他这桩小生意的点滴故事。史蒂芬的第 222 个视频，点击量获得了显著的增长。他用 29 秒的视频展示了如何用鞋子开红酒瓶盖，引得了超过 900 万人次的点击量，这个视频成为当地网络史上最成功的商业小视频之一。

事实上，几乎每一个引起人们热议的话题，都可能是长期坚持创作的结果。无论是坚持不懈制作商业小视频的史蒂芬，还是被人们称为内容营销高手的杜蕾斯，以及走在新型营销方法前沿的小米品牌，它们引起人们广泛关注和传播的热议话题，都是其创作团队对品牌传播内容长期经营与创作的结果。尽管如此，它们也不会是每一次的话题创作，都可以完全肯定得到人们的广泛关注和传播。

我不否认有通过一次话题创作引起人们的广泛关注和传播的案例，但我们却不能对此过于追求。很多时候，通过一次创作而引起人们广泛关注和传播的话题，要么可能为品牌带来太多争议；要么是“热议”来得太快，企业没有风险控制的经验与能力，对品牌造成负面的影响。

话题，在得到大幅度传播之前，我们最好能够构建完善的品牌根基，以及在互联网上铺垫与预埋品牌相关信息。同时，安排话题创作人员，对内养成挖掘品牌经营动态，对外时刻关注百度搜索风云榜、微博热搜榜、微信热门文章等动态，并整合第三方媒体或自建新媒体、社交媒体等相关的发布渠道，循序渐进地进行话题创作和传播。为了让大家更有效地理解与掌握话题传播时的策略与技巧，我大体也把它分为三个层面。

第一个层面：小众化传播。自 QQ 空间、微信朋友圈等传播渠道兴起，话题在小众化中传播的方式，在中国几乎是全民都曾经采用的方式。如：将自己的生活、工作动态，热点新闻、事件、人物，以及段子等内容，发布于自己的 QQ 空间、微信朋友圈等渠道中，与 QQ、微信好友展开互动，拉近彼此之间的距离与关系。当然，并不是所有 QQ 空间、微信朋友圈的内容，都能被称为话题，只有能够引起别人共同谈论、互动的内容，才能被称为话题。

第二个层面：企业自己传播。企业自己传播，也包含第一个层面的内容。但通常来说，一个需要通过传播换取盈利的企业、个体，都可能运用更多、更开放的渠道，引起更大人群的关注和传播。如将品牌相关的经营动态，以及借助热点事件、新闻、人物创作的品牌相关话题，发布于微信公众号、微博、抖音、贴吧、论坛等媒体渠道，驱动人们广泛关注、互动和传播。

第三个层面：媒体反向传播。当一个企业，在经营中具有一定的创新、创意，或是在某个领域独树一帜，又或是引起一定热议的话题，都可能被相关媒体、机构，引为有价值的范例、新闻、话题等，免费传播你的品牌。如在本书中所引用的范例。事实上，今天苹果、小米等品牌的发布会，阿里巴巴、京东的无人商店，“三只松鼠”的“萌式营销”，海底捞的极致服务，“江小白”的表达瓶，可口可乐的昵称瓶等，已然被诸多大众媒体、权威机构，引为范例、新闻、话题等进行传播，从而引起人们的广泛关注，并增加人们对相关品牌的认可度。

在零门槛的互联网媒体中，大企业可能有它的营销优势，小企业也同样有自己的创作空间。只要我们坚持不懈地努力，不断地测试与改进，总有一个话题，能够引起人们广泛关注和裂变式的传播。事实上，每一个大企业、大品牌、明星IP、意见领袖的成长，都是由小变大、由弱变强、积水成渊的一个过程。纵观近些年来，无论是个人明星，还是新型实体企业，它们的成长在一定程度上都经过了第二与第三层面。在极低的成本投入下，通过不断地创作与传播话题，引起大众媒体、权威机构的反向传播，可赢得卓越的商业成就。

第四节
让人们在受益中主动传播的“活动”创作方法

活动，可以说是老生常谈。从古代开始，皇室、宗族、宗教、部落，就以不同仪式的活动与人们沟通，向人们传达相关的思想、理念，以及规则、制度。到了现代商业中，企业也经常以不同形式的活动，对内向员工传达企业文化与规章制度，对外向人们传达品牌思想、理念，商品功能、特点，以此维护与消费者的关系，并促进销售。

活动，似乎也是企业早已驾轻就熟、应付自如的品牌传播内容。但正如“简单”原则中所阐述，简单从来都不简单，在商品高度同质化与信息高速增长的互联网时代，活动的创作与传播，也有了不一样的要求和意义。

一、活动，让人们参与、受益和传播

活动，几乎是每个企业都绕不开的工作内容，也是大部分企业，或多或少都曾运用的营销、推广方法。活动的创作与传播，又称为活动营销，是企业有效提升品牌知名度，促进商品销售，以及快速清理库存，驱动人们广泛关注和裂变式传播的方法之一。

活动，属于话题创作的一种方式。但在品牌传播中，它与话题所要达到的目的，亦有所不同。活动与故事、话题的创作主旨，同样在于引起人们广泛关注和传播。但活动的创作，不一定需要唤起人们的共鸣。活动通常是以通俗的方式，直接给人们利益，让人们在受益中，对品牌活动进行参与和传播。

活动的“简单”与“通俗”，导致各种营销活动丛生，活动甚至被不少企业视为低价竞争的制胜法宝。不少企业试图以“优惠活动”的名义，扩大市场占有率，以量取利。殊不知，今天的市场价格竞争没有最低，只有更低。今天你能打五折，明天他就可以打三折、两折。各种清仓、大甩卖、亏本赚人气的活动，充斥于消费者眼前，让消费者对五花八门的低价促销活动，心生麻木。当你在低价时，他可以是你的顾客，当你恢复合理利润的价格时，他往往成了另一个低价商家的顾客。

那么，面对消费者心生麻木，且高度拥挤的竞争局面，企业还需要进行活动创作吗？这个既传统又通俗的传播方法，是否还能产生一定的效果？事实上，活动的创作与传播，今天不仅要做，而且要坚持做。但与此同时，我们不仅要懂得活动的创作原则与方法，更需要懂得活动的全新目的和意义。

二、活动创作的原则与方法

活动的创作形式与方法有很多。如传统渠道中的开业庆典、新品发布、客户大会、年会活动、展销活动、招商活动、会议活动、文娱活动、体育活动、竞选活动、公益活动、社区推广活动；互联网渠道中的论坛盖楼活动，微博、微信中的转发抽奖活动、晒照片有礼活动、点赞与回复评论抽奖活动、投票评比活动、猜谜语活动、口令发红包活动、H5 趣味页面生成活动、有奖调研活动；以及线下的商场、超市，线上的淘宝、京东商城中的各种打折、附送赠品、免费试用、买一送一等活动。

随着互联网技术与商业的发展，活动的创作方法不仅变得多元、丰富，亦变得日新月异。同样的活动创作方法，在不同时期取得的效果，都可能迥然不同。

为此，在活动创作中，我们不能仅仅关注它表面的方法变化，更应该懂得活动创作的本质性原则与方法，让品牌活动取得更好的效果。

（一）活动取得成功的本质因素。在生活中，我们不难发现，一些商家、企业，尽管吆喝着两折、三折，甚至“免费”的口号，消费者却几乎无动于衷。即使偶尔合作、购买，往往也只是基于其低于合理售价的诱导。此时，无论商家或消费者，可能都不是受益者。对消费者而言，购买低于合理售价的商品，通常只有一个便宜的好处，商品的品质和相关服务可能都无法得到满足；对商家而言，往往要么是亏本赚吆喝，要么只能降低品质与服务。

与此同时，我们又不难发现，一些品牌商家，可能只是给出八折、九折，或只是充值 1 000 元送 100 元的小福利，却引起人们争先恐后地购买、充值。究其背后的本质原因，只在于消费者对品牌的商品与服务已经产生一定的认可与信任，甚至形成依赖。即使没有给出优惠，他们也同样要在此消费，当然也就更珍惜优惠的机会。

因此，活动能取得一定成功的本质原因与基本因素，是你的品牌影响力，以及你为消费者提供的“匠心”商品和“走心”服务。

（二）活动取得成功的核心策略。活动，之所以引起人们的关注和参与，不少人片面认为，是源于优惠后给人们带来的“省钱”的利益。不少企业一次次实施降价、赠送、打折等活动，以此促进人们的购买行为。降价与打折，也几乎成为企业活动营销中的“制胜”法宝。事实上，一个活动，之所以能引起人们的关注和参与，虽然有一定的利益驱使，但该利益却不限于金钱层面的利益，而更多是满足人们内心中受“尊重”与“自我实现”等精神层面的“利益”需求。

活动创作，无论基于何种形式，首先应该为活动寻找一个“借口”，以此促进人们的购买动机形成。如借助情人节、中秋节、圣诞节、双 11 购物狂欢节等，或借助公司开业、新品上市、社会热点事件等作为活动的创作“借口”。通过寻找一个“借口”，给人们一个参与此次活动购买活动商品的充分“理由”，从而提升活动的营销效果。

当然，活动如果仅运用人们司空见惯的“借口”，也很难取得较大收益。在活动中，我们更应该为其设立一个“门槛”，如“限时”“限量”“限身份”“限等级”等。

活动的“门槛”设立，可以是时间、身份的限制，可以是一次晒照片、转发等简单行为，也可以如“加多宝在 2013 年举行的只要你喊出‘过年来罐加多宝’达到一定分贝值，售卖机的智能识别系统就会自动启动，免费送你一瓶加多宝”活动，设立让你喊一声的“门槛”。活动“门槛”的设立，不在于复杂和高要求，只在于让人们珍惜活动带来的机会，同时满足人们心中更多的“利益”需求。

活动设立“门槛”，一些人称为“饥饿营销”，甚至对此不屑一顾。事实上，任何没有“门槛”限制的活动，都很难引起人们的广泛关注和传播。只有在限制性的“门槛”与“机会”面前，人们才能懂得珍惜。这样的活动才能满足人们心中更多的“利益”需求。

如苹果、小米等品牌，在活动中，设立“限时”与“限量”的“门槛”，这让数十万台小米手机可以在上线的数十分钟内被人们抢购一空；苹果手机，在上市时也同样引起“果粉”（苹果产品的粉丝）通宵达旦排队抢购。此时，它们所满足的并非人们在金钱层面的利益需求，更多是“自我实现”“炫耀”“参与”等精神层面的“利益”需求。同时，活动也引起人们的广泛关注和裂变式传播，成为人们的热议话题。

除此之外，小米在新商品发布时，前期通常只会在官方平台进行预售或出售，且往往只有相关平台的注册会员才能参与预约和购买。此时，小米所满足的，更多是人们内心“受尊重”的“利益”需求。同样，在小米的米粉节、罗振宇的跨年演讲，以及天猫商城的“双 11”购物狂欢节等活动中，人们之所以积极参与和传播，除了有金钱的利益需求，很多时候也是为了满足自己内心的“参与感”“归属感”“存在感”等精神需求。

（三）活动，在持续创作中取得最大成果。活动的创作方法，尽管多元、丰富，总体而言，可以分为几个步骤，即活动开展前、活动进行中、活动结束后。通常来说，活动的前两个步骤都可以得到企业一定的重视和安排，但对于第三个步骤，企业却往往容易忽视。

活动的成功创作方法，可以学习、借鉴，却很难依样画葫芦。通常来说，一个活动，在创作前和进行中可以学习、借鉴他人的策略、方法，但只有在活动的执行过程中，才能总结最宝贵的经验。因此，在活动结束之后，我们除了做好相关的服务工作，更应该对此次活动进行会议总结，对可行部分进行保留与延续，对不足部分进行调整与改进。这会让品牌活动取得越来越好的效果。

与此同时，将某个有效的活动创作方案列为品牌的重点活动，并保持持续性的创作，让它成为品牌的专属活动，甚至成为品牌的符号。如：小米的米粉节、天猫商城的双11购物狂欢节、罗振宇的跨年演讲等活动，经过持续、有效地创作，不仅成为相关品牌的专属活动，而且成为被人们认知与认可的品牌符号，持续性地引起人们广泛关注和裂变式传播，高效带动品牌成长和商品销售。

三、活动创作的另一种目的与意义

在传统的实体商场、超市，或是线上的淘宝、京东商城等销售渠道中，我们不难发现很多企业衡量一个活动的成功标准，在于它销售了多少商品和产生了多少利润，甚至为了追求商品的销售与利润，很多企业不断降低商品的售价与品质，抱着“打一枪换一个地方”的心态，忽视了活动为品牌带来的后续影响。

品牌，在传播中积累价值与资产。活动的创作、传播目的与意义，同样在于让品牌得到更大人群的认知与认可。在今天的商业环境中，衡量一个活动的成功标准，比起你在活动中所产生的销售和利润，它可能更在于你是否得到人们的有效认知与认可，或者说拓展了多少品牌粉丝，以及是否提升了粉丝们对品牌的忠诚度。由此，基于活动创作的主要目的和意义，我把多元、丰富的活动形式，大体分为“两层两式”。

所谓两层，即“粉丝拓展”与“粉丝维护”两个层面。

如上文中阐述的传统渠道中的展销活动、招商活动、会议活动、文娱活动、体育活动、竞选活动、公益活动、社区推广活动；互联网渠道中的论坛盖楼活动，微博、微信中的转发抽奖活动、晒照片有礼活动、点赞与回复评论抽奖活动、投票评比活动、猜谜语活动、口令发红包活动、H5 趣味页面生成活动、有奖调研活动；线下的商场、超市，线上的淘宝、京东商城中的各种打折、附送赠品、免费试用、买一送一等活动；以及近年来，引起人们广泛关注和传播、参与的，滴滴出行、摩拜单车、饿了么、支付宝等平台的补贴活动等，大多都属于“粉丝拓展”层面的活动。

如上文中阐述的传统渠道中的开业庆典、新品发布、客户大会、年会活动；小米的米粉节、罗振宇的跨年演讲等活动；以及我们去餐厅消费，餐厅给熟客 9 折的优惠，为会员设置充值 1 000 元送 100 元等活动，这些大多都属于“粉丝维护”层面的活动。

当然，一个品牌活动，通常不会仅包含一个层面，而更多是同时具有“粉丝拓展”与“粉丝维护”两个层面，但往往也可能偏于某个层面。一般来说，在品牌经营前期，采用倾向“粉丝拓展”层面的活动形式居多；后期更多采用“粉丝维护”的活动形式，并在维护粉丝的同时，有效引导他们帮助品牌拓展新粉丝。

在品牌活动的两个层面之中，又可以分两种形式。即“重点”与“日常”两种形式。

如天猫的双 11 购物狂欢节、小米的米粉节、罗振宇的跨年演讲等重点活动，对品牌而言，通常一年一次足矣。品牌重点活动，要么不做，要么要有足够的“利益”，吸引、驱动人们广泛关注和“裂变”式传播，并可通过持续、有效地创作，让它成为人们认知与认可的品牌符号。

如转发抽奖活动、晒照片有礼活动、附送赠品、免费试用等日常活动，我们可以不用基于某种固定形式，亦可以不需要大范围开展。通常可以在小范围内频繁开展，从而不间断地为品牌带来“粉丝拓展”与“粉丝维护”的效果。

如果说“粉丝拓展”层面的活动，是通过降价与打折，满足人们在“金钱”层面的利益需求，从而引起人们的关注、参与和传播，那么“粉丝维护”层面的活动，更多是通过“门槛”的设立，满足人们内心的“参与感”“归属感”“存在感”“尊重感”“自我实现”等精神层面的“利益”需求，从而引起人们的广泛关注和裂变式传播。

第五节
从 100 个种子粉丝，到 1 000 万个品牌粉丝

正如我们所知，品牌需要经过一定的传播，才能得到人们的认知与认可。当我们懂得驱动品牌裂变传播的内容创作原则与方法，从而创作了优秀的品牌传播内容。此时，最让我们关心的，便是通过什么方法，让这些内容可以得到人们有效的认知与认可。在本章节中，我将与你一起探索品牌最有力量的传播器，以及相应的策略和方法。

一、互联网时代最有力量的品牌传播器

在传统的商业环境里，当我们创作了广告片、海报、文章等品牌传播内容后，往往是通过聘请媒介机构，运用电视、广播、报纸、户外媒体等传播渠道，将品牌信息单向强制灌输于人们心中，从而带动品牌成长和商品销售。

到了互联网时代，品牌信息的传播渠道、方法，诚然有了不一样的变化，也给我们带来了更多的机会与选择。如百度竞价、SEO（搜索引擎优化）、网盟广告、门户网站、今日头条、论坛、贴吧、微博、微信、广点通、喜马拉雅、优酷、爱奇艺、一直播、虎牙直播、抖音、快手、A 站（AcFun 弹幕视频网）、B 站（bilibili 视频弹幕网站）等传播渠道。互联网各种各样的传播渠道、日新月异的方法，同样

可能让企业经营者产生迷茫，甚至浪费高额的时间与金钱成本。对此，我把互联网的传播渠道、方法，大体分为两种方式，即“通过第三方媒体传播”与“自建媒体传播”。

“通过第三方媒体传播”的方式，类似于传统的广告投放模式，即支付广告费用，通过百度竞价、网盟广告、门户网站、广点通、优酷、爱奇艺的媒体渠道，或是通过与微博、微信、一直播、抖音等平台有一定粉丝的账号进行合作投放。

一个品牌，通常不会在互联网中只选择某一种方式进行传播。只有两者结合，才能取得更佳的效果。对于“通过第三方媒体传播”的方式，尽管渠道、方法多元、丰富，但需结合企业的资金预算、传播目的等实际条件与需求，进行策略性投放。因此，在本章节中，我主要探讨“自建媒体传播”，这种让品牌传播内容在更低成本投入下得到更高收效的传播方式。

媒体，之所以产生有效的传播能力，通常在于它具有一定数量的受众、关注者、或者说粉丝。在微博、微信公众号等传播渠道中，我们不难发现，一些看似普通的内容，只言片语，已然引起人们的广泛关注和传播，很多时候我们精心策划、撰写的内容却几乎无人问津。究其原因，除了内容的本身，关键在于你的媒体账号，是否具有一定的粉丝、关注者，亦在于你的品牌是否拥有一定数量的“超级粉丝”。

在《粉丝经济中的“粉丝”思考》章节中，我们已探索粉丝与用户之间的区别。同时，也在书中探索将品牌人格化，与人们更好地沟通，建立情感关系，并以此构建明星 IP，带动品牌成长的策略与方法。IP，被人们引申为“可供多维度开发的知识产权”，但并非所有的 IP，都能称为明星 IP，只有得到一定人群认知与认可，具有一定粉丝的 IP，才能被称为明星 IP、意见领袖。在互联网时代，也只有具有一定数量的超级粉丝的品牌，才能真正被称为卓越品牌。

随着新媒体、社交媒体的发展，以及粉丝为商业带来的经济利益，各种“增粉”秘籍，早已泛滥于互联网各大网站与相关的书籍中，甚至衍生了专业的“加粉”神器。拥有过千万粉丝数量的“大咖”已然是司空见惯。在新媒体圈层中，如果你所拥有粉丝的数量，未达到数百万，几乎都不好意思说自己在从事新媒体领域。

但作为一个品牌经营者，我们却不能盲目追求粉丝的数量，而更应该关注粉丝的质量。正如在前面章节中所阐述的，一百万个没有忠诚度的用户，远不如一万个对品牌认可、忠诚、有重复购买行为的“超级粉丝”。事实上，在众多看似粉丝数量惊人的微博、微信等账号上的“粉丝”，都不能被称为“粉丝”，顶多只能称为“关注者”，甚至是“僵尸粉”。

我们不难发现众多拥有大量“粉丝”的微博号、微信公众号，转发量与阅读量却是寥寥无几。但与此同时，在罗辑思维、吴晓波频道、醉鹅娘、小米、江小白、杜蕾斯、三只松鼠等品牌的微博号、微信公众号中，即使是赤裸裸的“硬”广告，有时也可以赢到大量的点赞和转发。

如罗振宇在罗辑思维的视频节目中就曾直言“合法挣钱是这个世界上最有尊严的生活方式”，在今日头条的创作者大会上，他也曾直言“我们不是什么媒体，就是个买卖人”，但不影响他的话引起人们的共鸣和得到认可。与此同时，在一些微信公众号文章中，有时候也运用直接带出广告的方式，但这同样不影响人们的认可和点赞。

当你具备自身的“人格”“思想”，能够与人们坦诚沟通，建立情感关系，以及具有一定数量的“超级粉丝”时，你内容中广告的“软”与“硬”并不重要，甚至偶尔犯点小错误，都可以得到相应的理解与原谅。因为，人们所关注与传播的，并不是某个“冰冷”的账号或商品，而是与自己有一定情感关系的“朋友”。

同样的品牌传播内容，在“通过第三方媒体传播”时，不仅投入高，且收效往往要低于“自建媒体传播”的方式。在通过不具备“人格”与“IP”的自建媒体账号传播时，效果同样可能远远低于具有一定“超级粉丝”数量的媒体账号。

因为，人们总是容易对自己身边的亲人、朋友产生信任与认可，容易对他们推荐的内容、事物产生兴趣，并参与互动和传播。因此，同样的品牌传播内容，也是在“超级粉丝”的自主传播中最容易引起人们的关注与传播。“超级粉丝”，便是一个品牌最有力量的传播器。“超级粉丝”的数量，亦在一定程度上决定了品牌传播内容能够驱动人们广泛关注与裂变式传播的力度。

二、品牌“超级粉丝”的培育方法与策略

随着人们对“粉丝”经济的重视，衍生了林林总总的“增粉”秘籍与方法。在我看来，一个品牌想要拥有一定数量的“超级粉丝”，并没有那么困难和神秘。只需要我们在企业经营中，转变思维、观念，并掌握它的发展规律与策略，几乎每个企业都可以简单、有效地达成。

在品牌“超级粉丝”的培育中，首先必须遵循商业的本质，让品牌的商品与服务可以得到人们的认可；赋予品牌人格化的“思想”和“明星 IP”，让它可以更好地与人们沟通，建立情感关系。其次，为粉丝们构建一个或多个粉丝基地，让品牌粉丝有“家”可归。

粉丝基地，可以是微博、贴吧、喜马拉雅FM、一直播、抖音、今日头条、QQ 群，以及微信的公众号、个人号、微信群等平台渠道，也可以是官方网站中的社区、论坛、品牌 app 等工具。

在传统的商业环境中，受“流量为王”思维的影响，企业经营者不断地投入高额成本“抢夺”流量，并形成“打一枪换一个地方”的思维与观念，却忽视了这些曾与企业有过接触或产生交易的人群才是企业的最大资产和财富，忘了为企业的这笔“财富”构建一个“基地”，让他们有“家”可归，对其进行有效的管理和维护。

粉丝基地，是品牌粉丝可以有效关注、了解品牌经营动态、优惠政策，反馈意见，购买商品，并参与品牌故事、话题、活动的互动、传播基地；是企业有效地管理和维护品牌粉丝的主要渠道。一个品牌，可以有一个或多个粉丝基地，关键在于它能让品牌便于与人们沟通和联系，企业又能结合企业团队的实际运营能力自主对其管理。

当有效构建粉丝基地后，我们需要为对应基地寻找品牌的“种子”粉丝。“种子”粉丝的数量在于有效而不在多。如小米品牌在创立之初，“种子”粉丝也就100多人。对大部分企业而言，从创始人到企业团队的同学、好友，都不难达到这一数量。也可以通过支付费用让第三方媒体进行品牌故事、话题、活动的发布和传播，从而获得一定数量的“种子”粉丝。

20世纪中期，美国著名推销员乔•吉拉德在商战中总结出了“250定律”。他认为每一位顾客身后大体有250名亲朋好友。如果赢得了1位顾客的好感，就意味着赢得了250个人的好感；反之，如果得罪了1位顾客，也意味着得罪了250位顾客。

在此，我不想对“250定律”展开讨论。但在品牌粉丝的积累过程中，我们必须用心对待每一个粉丝。因为，每一个粉丝背后，都将有一个相对稳定、数量不小的群体。维护好100个“种子”粉丝，就可能影响25 000人；维护好25 000个“种子”粉丝，就可能影响625万人。他们可能成为你的“超级粉丝”，也可能成为厌恶你的群体。

在品牌粉丝的拓展与培育中，我们无须盲目地追求它的数量增长。与其把时间、成本花在流量“抢夺”与各种“增粉”方法之上，不如聚焦有效的资源与精力，用心维护品牌的“种子”粉丝，给予他们更优质的商品、服务，更实惠的价格，以及更多精神层面的“利益”需求，并坚持不懈地创作故事、话题、活动等品牌传播内容驱动其持续地关注和口碑传播，在粉丝们的口碑传播中循序渐进地拓展粉丝数量，为品牌培育更多优质的“超级粉丝”。

与此同时，将品牌在“通过第三方媒体传播”时曾经关注品牌故事、话题、活动的人群，以及曾经在线下商场、超市、自营实体店，线上的天猫、京东等渠道中购买品牌商品、产生交易的人群，尽可能引导至粉丝基地之中，让他们成为品牌的“关注者”，通过后续的管理与维护，使其成为对品牌认可、忠诚、有重复购买行为的“超级粉丝”，让他们成为品牌最有力量的传播器，成为品牌最大的资产和财富。

第七篇

团队篇

互联网时代的品牌运营与团队组建策略

第一节
减少品牌创造成本的团队组建策略

品牌创造所涉及、包含的工作内容有很多，如资金筹集、商品研发、渠道建设、供应链完善、商品销售、用户服务、品牌策划、形象设计、营销推广等。我大体把它们分为“商品经营”与“品牌运营”两大板块。商品经营为资金筹集、商品研发、渠道建设、供应链完善、商品销售、用户服务等工作，品牌运营为品牌策划、形象设计、营销推广等工作。

在传统的商业环境里，企业通常主要负责商品经营方面的工作，把品牌运营方面的工作，托付于品牌策划、形象设计、广告传播等品牌服务机构。在今天的商业环境里，品牌想要取得一定的成功，以及有效减少创造成本，品牌运营方面的工作，再也不仅仅是品牌服务机构的事，而更多是企业自己的事，品牌运营从过往的“全托”转为“半托”。

一、品牌，是自己的事

决定品牌成败的因素有很多，如资金、商品、设备、供应链、渠道、社会关系、经营理念、管理机制等。但这些看似大相径庭的因素，几乎每一个都与“人”和“团队”的经验、能力相关。在今天的商业环境中，企业不仅需要掌握商品经营相关的能力，更需要掌握品牌运营方面的能力。团队的能力，也几乎决定了一个品牌的成与败。

在传统的商业环境里，因为品牌创造方法的相对单一性，以及相关传播渠道局限性，不仅企业可以只是负责商品经营方面的工作，品牌服务机构所要完成的工作也相对简单。首先通过对企业深入调查，梳理品牌信息，进行品牌定位，然后策划品牌概念、广告语，设计、创作平面、视频等广告内容，结合广告预算配置相关媒体，进行广告投放、监督等工作。大幅度的广告投放，为企业提升品牌知名度和市场销量。此时，企业可以不需要懂得太多的品牌相关知识，或者说不需要具备过多的品牌运营能力。

随着互联网技术的发展，不仅品牌的创造方法、传播媒体变得多元、丰富，品牌的话题、活动等传播内容，也产生一定的时效性，甚至企业、品牌的经营动态，也变得越来越快。此时，如果依然将品牌运营方面的工作“全托”于品牌服务机构，往往可能因为双方在合作中的沟通“延时”，造成品牌内容在传播中的“滞后”，甚至丧失最佳的传播时机。

对比过往先有商品，后进行品牌创作、传播的方式，今天“商品生产”与“品牌传播”两者往往同时进行，甚至在商品研发前，已开始品牌的创作和传播工作。商品经营与品牌运营，成为品牌创造中密不可分的结合体。

如果说传统的市场营销工作，是由一个市场总监带领一帮销售人员在办公楼、住宅区、商场、超市进行商品推广与销售，那么，今天的市场营销工作，更多是一个策划总监带领一个或多个摄影、文案、设计、编辑等内容创作人员通过故事、话题、活动等内容创作，进行品牌粉丝培育、品牌信息传播等工作，并在传播之中，完成商品的推广与销售。

正如罗振宇所言，“一切产业皆是媒体”。随着新媒体、社交媒体的发展，每个企业都可以自己注册账号，建立粉丝基地，创作内容驱动人们关注和传播。事实上，几乎每一个走在前沿的品牌，都具有自己的内容创作、设计等“品牌运营”团队，如小米、三只松鼠、杜蕾斯、红牛、可口可乐、统一、娃哈哈、海尔、华为、伊利、百雀羚、梅赛德斯－奔驰、宝马、肯德基、麦当劳等品牌。甚至团队的人员数量，可能不亚于大部分品牌服务机构。

在互联网时代，想让品牌取得一定的成功，企业除了要具备商品经营方面的团队与能力，更需要具备品牌运营的团队与能力，以内容培育品牌粉丝，驱动人们共鸣与裂变式的口碑传播，减少品牌传播成本和高效积累品牌价值。且品牌运营团队的能力往往比商品经营团队的能力更影响品牌。

二、品牌运营中的两个团队

企业虽然需要具有自己的品牌运营团队，但并非独揽所有的品牌运营工作。随着互联网的快速发展，人们在协作中共生的关系得到进一步的升级，分工变得越来越明细。人们也总是在自己的专业领域，收获最大的收益。在这个分工明细、合作共生的商业时代，企业切勿想着把所有专业工作集于一身，而应把专业的事交给专业的人做，把有限的时间、精力，聚焦于某个领域，使自己在某个领域具备一定的专业优势，构建自己的核心竞争力，并以此吸引其他领域的资源与专业团队，为自己所用，共同成长。

或许如俗语所言，“当局者迷，旁观者清”，或许是因品牌创造行业的特殊性，又或许是因为品牌从业人员长期任职于一个企业的思维局限性，我们可以看到，大部分品牌企业，除了企业内部的品牌运营团队外，往往也会有外部的品牌运营团队，或者是品牌的咨询顾问。这样工作得到更专业的执行，并节省品牌运营成本。

在品牌创造中，首先企业的创始人，或核心创始成员，或品牌咨询顾问，必须具有一定的系统性品牌创造思维，懂得品牌创造的大概流程、步骤、原则、方法。这也是本书重点阐述的内容。其次，懂得如何组建内部的品牌运营团队，寻找外部的品牌运营团队，避免在品牌路上浪费时间和金钱。

在两个团队之间，通常来说，内部团队主要负责企业、商品相关的资料与动态整理，品牌的话题、活动等内容创作、传播，品牌粉丝培育，以及日常的宣传物料设计等工作，从而保证传播内容的准确性与及时性。与此同时，把品牌根基构建、形象设计、核心文案策划、品牌故事创作、品牌工具构建等专业能力要求较高，又相对短期性的品牌工作，以及系统性指导品牌运营、传播等工作，交付于外部团队，从而减少品牌运营团队的组建成本，并保证品牌创造的系统性与专业性，在品牌创造路上少走弯路。

随着商业之间的竞争日趋激烈，品牌运营外部团队与企业之间的关系，不再是甲方与乙方之间的关系，而更多是一种共生、共荣，甚至是共享成果的关系。无论是品牌运营的外部团队还是内部团队，切勿相信“三个臭皮匠赛过诸葛亮”的言论与逻辑。虽然我从不否认“三人行，必有我师”的哲理，但在企业的团队建设中，我们往往只能“取人之长”，取用一个人强于他人的某项专业和能力。事实上，从春秋战国时期的管仲、伍子胥、乐毅、商鞅，到西汉时期的张良、韩信，到三国时期的诸葛亮、司马懿、陆逊，都是以一人之力扭转乾坤，在战争中力挽狂澜，或改变一个国家的命运的人才，以至于有“得一人则可安天下”的佳话。

笔者从在创业初期对团队人员数量、企业规模的盲目追求，到近年来对一些优秀企业、品牌的观察，发现无论是在商品经营还是品牌运营板块，团队的组建，都应该遵循“如无一定必要，尽可能不增加团队成员”的观念，至少不能为了追求团队与企业的规模扩招员工。我们应让团队中的每个成员，都成为能够独当一面的人才，并享受更多的劳动报酬，甚至是股权福利。

品牌创造人才的招募，也不是人力资源部或采购部的事，而更多是企业创始人的重点工作。正如小米联合创始人黎万强所言“一个好的工程师不是顶 10 个，是顶 100 个”。因此，小米在招聘核心工程师时，往往是小米创始人雷军和其他创始人轮番上阵面谈，有很多都是一聊就近 10 个小时。甚至有加入小米的团队成员，半开玩笑说：“赶紧答应下来，不是那时多激动，而是体力不支了。”仍然把自己摆于老板或甲方的位置，招募团队人员时仍崇尚造梦、画饼，只想以极低成本投入换取高价值回报，甚至只想着“全托”省事的企业，往往都将在品牌创造路上迂回曲折，浪费不必要时间和金钱。

一个能与企业形成“共生”关系的品牌服务机构，你可以专注于品牌创造中的形象设计、视频创作、广告传播等某个点，但必须具有系统性的品牌创造思维。正所谓“不谋万世者不足谋一时，不谋全局者不足谋一域”，一个能被称为人才的品牌从业者，除了要具备品牌创造某个点的专业能力外，更应该具有系统性的思维和能力，能把控品牌的根基构建、形象设计、核心文案策划、品牌工具创作、传播内容创作、传播渠道规划、品牌粉丝培育等工作，让品牌创造得到系统化的执行，从而减少投入成本和高效积累价值。

总而言之，在时下乃至未来的商业环境中创造品牌，我们除了要拥有商品经营的团队与能力，更应该拥有品牌运营的团队与能力，并能擅于运用“外部”团队的力量，与品牌共生、共成长。同时，我们需谨记“如无一定必要，尽可能不增加团队成员”的团队建设理念。能把企业做大是一种能力，能把企业做“小”同样是一种优秀的能力。当然，这个“小”，并非传统意义上的“小”，而是小而美的“小”，或者说是一种“聚焦”的能力。因为，在今天的商业环境中，无谓的租金、运营、工资等成本，不仅是企业经营中的一种浪费，还可能导致企业效率低下、出品平庸，甚至拖垮整个企业和品牌。

第二节
让品牌历久弥新的核心策略

企业，能够取得一时的成功，可能因为具备某个点的优秀能力，或者因为一些小运气，抓住了某个机会和红利。但品牌创造，能否有效减少投入成本和高效积累品牌价值，并持续性地取得成功，成为大众认知、认可的卓越品牌，很多时候，并不在于某个点的突出，而更多在于系统化的把控、执行，并在品牌的运营中，持续性地升级、优化，从而让品牌得以历久弥新，为企业沉淀最大的资产与价值。

一、品牌，在管理中得到系统化的执行

在品牌营销界，流传着这么一个故事。1954年，著名品牌营销策划人李奥•贝纳把万宝路香烟定位调整为“男子汉香烟”，并以浑身散发粗犷、豪迈、男子汉气概的美国西部牛仔为该品牌形象。在之后的数十年里，万宝路广告一直坚持着西部牛仔的形象，除了牛仔还是牛仔。对此，万宝路的老总曾提出不满，甚至认为李奥·贝纳白白地“骗”了他很多钱！理由很简单，广告一直都是牛仔，没有更多创新和创意。在他看来，牛仔似乎已经是个陈旧的事物，他希望李奥·贝纳能带来新的创意，甚至是换掉牛仔的形象。为此，李奥•贝纳则说：“你花那么多钱，不就是让我监督你不要换掉牛仔吗？”

在此，我不想探讨该故事的真实性。但正因为李奥·贝纳与万宝路运营团队对万宝路品牌的有效管理与系统化执行，在品牌长期的运营过程中，坚持重复传播万宝路香烟“男子汉气概”与西部牛仔的品牌形象，才吸引了喜爱、欣赏和追求这种气概的消费者，使万宝路香烟成了这一圈层人群的共同话题和代言物，让西部牛仔成了万宝路香烟的品牌符号，也让万宝路品牌在《2017 年 BrandZ 最具价值全球品牌 100 强》中名列第 12 位。

当然，这并非品牌营销中的个例。无论是书中所列举的苹果、小米、可口可乐、麦当劳、肯德基、必胜客、真功夫、欧莱雅、红牛、脑白金、益达、江小白、三只松鼠、星巴克、7-ELEVEn、沃尔玛、旺旺、招商银行等品牌，还是你能抽象描述其品牌风格、思想、精神、文化、信仰、情感、个性、主张、潮流、品质、定位人群等，或能够准确认知、记忆其视觉形象、广告语，甚至能在脑海里产生具体事物联想的品牌，都必然是在系统性构建品牌根基后，对品牌有效管理和系统化执行结果。

随着互联网的发展，品牌营销模式、策略、技巧、方法、机会、红利，得到前所未有的扩展，变得多元。虽说“条条大路通罗马”，但品牌创造并不需要你去抓住每条路上的机会和红利。在这个智商过剩的年代，通常来说企业缺的并不是想法和点子，而是系统性的思维与高度，我们应将品牌所定位的商品、服务、思想、策略，坚持做到极致，通过有效地管理和系统化执行，重复性地传播，让它们成为更多人简单认知、记忆的品牌符号，成为人们更深入认可与拥护代言物。

二、品牌，在坚持中历久弥新，并产生最大价值

品牌创造，需要有效的定位，需要策划品牌思想、设计品牌形象、构建品牌工具和创作品牌故事、话题、活动等传播内容。但并不是构建了品牌根基、工具，进行了短暂的内容创作和传播后，就可以创造品牌。只有在长期坚持创作、传播中，才有可能创造大众认识与认可的卓越品牌，并在“品牌升级期”让品牌历久弥新，产生最大的价值与资产。

品牌的升级期，可以视为品牌创造的最后一个阶段，但它并非品牌创造最后才需要完成的工作。通常来说，一个品牌必须随着市场的变化，消费者的审美需求、购买能力、信息认知等改变而进行升级。品牌的升级，是伴随着市场变化而长期进行的一个过程。品牌在长期运营、传播，不断升级、优化中，持续得到人们的认可与拥护；在不断坚持中，历久弥新，成为企业最大的价值与资产。

基于这些年在创业过程中的经验，以及对品牌创造的学习与实践，我认为一个企业，或者说一个品牌，能得到良好的发展，离不开两大核心要素，即“本质”与“时势”。无论时代如何变迁，优秀的商品品质、优越的服务体验、实惠的商品售价、消费者的本性等商业本质，很难发生根本性的改变。

如内容创作方面，无论是传统媒体的报纸、杂志，传统互联网的搜索引擎、门户网站，还是今天新媒体中的微博、微信、今日头条、抖音、一直播，又或是未来可能再次发生颠覆性改变的其他媒体，同样离不开优秀的内容创作能力。又如视觉设计方面，无论载体、形式如何变化，都改变不了人们对“颜值”与“美好”的追求。又如品牌方面，无论商业环境如何变革，其创造的模式、方法如何变化，人们依然需要它，降低购买风险与选择成本。

但正所谓“时势造英雄”，在品牌创造中，我们需要“坚持”，却不需要故步自封的“死守”。在变幻莫测的商业战场中，我们既不能对所谓的机会盲从，亦不能墨守成规，执着于昨日的成功经验。通常来说，我们应该为品牌选择某一个风格、思想、精神、文化、信仰、情感、个性、主张、潮流、品质、人群、生活方式等领域的定位，或者说一个战略方向，从而系统性构建三点合一的品牌根基。这个战略方向、品牌根基，不可随意改变。但执行过程中的方法、策略，却必须跟随时代的步伐，通过“1+0.1”的迭代式创新方法，与时俱进地运用新型的营销思维、方法、技术、工具，让品牌历久弥新，取得持续性的成果。

如传统的实体店，是否懂得运用互联网的工具，把周边人群吸引到店中消费？是否可以提升该据点的配送和服务能力，甚至运用人工智能、大数据等技术，为附近居民提供更方便和贴心的服务体验？

又如传统的实体企业，是否懂得运用新型的营销思维，通过互联网、新媒体、人工智能、大数据、区块链等工具、技术、策略、方法，为消费升级中的新型消费者，提供有效的商品与服务？而不能在汽车时代来临之际，依然死守着马车的世界，甚至幻想着使用限速等方式，阻止时代的前行步伐。

纵观近几年来，借助互联网成功弯道超车、迅速崛起的企业品牌或个人品牌，它们的成功，同样在于抓住了商业的“本质”与“时势”，依托自己曾经的努力与积累，运用新型的营销思维、方法、技术、工具。

如小米创始人雷军，创业前已在金山软件兢兢业业工作了 16 年；“三只松鼠”创始人章燎原，在创业前已经从事了 9 年的坚果行业；“江小白”创始人陶石泉，创业前在金六福酒业从事了近 10 年的品牌与营销工作；而吴晓波频道的创造人吴晓波老师，在频道创建之前已然从事了二十几年的财经研究与写作工作；罗辑思维的创始人，同样也是资深媒体人和作家。

我们可以看到，无论时代如何变迁，营销模式、方法如何变化，能够抓住时代的“机会”与“红利”，快速崛起的人群，通常来说并不是“外来”居民，而是在某个领域持续深耕的“原住民”。你可以像“三只松鼠”“江小白”的创始人，先有商品经营的领域的经验，再创新营销模式；也可以像小米、罗辑思维的创始人，先具有一定的品牌运营能力，再结合实体商品，从而创造新型的实体企业。但在品牌创造过程中，企业在商品经营与品牌运营两大板块，都应该具有一定的经验和资源积累，以及与之相应的专业人才和能力。

在创作本书前，我一直有点担心。担心时代快速变迁，会不会在此书出版时，互联网已被时代淘汰。因此，在书中我尽可能阐述品牌创造的本质性原则与方法。时至今日，我的担心虽然有一定道理，但可能也不尽然。因为，今天的互联网，已然如电的出现，成了在人们生活与工作中必不可少的基础设施。

能给品牌带来成功的模式、方法，看似纷繁复杂，但简单的原则与技巧，已然给了我们有效的答案，复杂的事物必须以简单的形式呈现和执行。很多看似简单的方法，我们只有有效地进行管理和系统性执行，并在重复性的坚持中，才能取得最大价值和成果。

如罗辑思维创始人罗振宇，每天早上坚持在微信公众号上发布 60 秒语音，看似简单，真正能坚持之人却寥寥无几。虽然说罗辑思维成功的因素有很多，但我自己与身边的一些朋友，最开始对其产生关注与认可的原因，就是罗振宇每天早上坚持发布 60 秒语音。

事实上，在今天的商业环境中，很多时候我们缺的并不是某个方法，而是能把一件事坚持做到极致的“初心”，以及系统性的思维与经营原则。

在纷繁芜杂、变幻莫测的商业世界里，只有坚守那份初心，相信“少即是多，慢即是快”的原则，相信“差之毫厘，谬以千里”的细节体验，在坚守商业本质的同时，抓住商业的趋势，以“匠人”般的精神，通过不断地测试、调整、更新、迭代，把某个领域的商品功能、功效、品质，把品牌的供应链、营销模式、传播方法、服务体验、品牌气质做到“极致”，为人们提供“匠心”商品和“走心”服务，为人们持续性地创造有效价值，才是品牌在互联网，以至于在未来的商业环境中历久弥新，为企业创造最大的资产与价值核心所在。

最后，愿我们这群平凡的人，保持一颗热诚的心，相信平凡的改变可以创造互联网时代不平凡的商业世界，可以让我们成为商业世界中人人景仰与向往的商业英雄。